クレオパトラ　どこまであなたに愛されているか、その果てをはっきり見きわめておきたい。
〔第一幕 第一場〕
（オールド・ヴィック劇団公演、1956〜7年）

新潮文庫

アントニーとクレオパトラ

シェイクスピア
福田恆存訳

新潮社版

2063

目次

口絵写真
パメラ・チャンドラー撮影
（オリオンプレス提供）

アントニーとクレオパトラ

場所　ローマ帝国

人物

アントニー
オクテイヴィアス・シーザー
レピダス
　ローマの三執政官

セクスタス・ポンペイアス

ドーミシアス・エノバーバス
ヴェンティディアス
エロス
スケアラス
ダーセタス
デメトリアス
フィロ
　アントニーの身方（みかた）

メーシナス
アグリッパ
ドラベラ
プロキュリーアス
サイディアス
ギャラス
　シーザーの身方

メーナス
メネクラティーズ
ヴァリアス
（以上）ポンペイアスの身方

トーラス　シーザーの副官
カニディアス　アントニーの副官
シリアス　ヴェンティディアス麾下の士官
教師　アントニーよりシーザーに遣わせる使者

アレクサス
マーディアン（宦官）
セルーカス
ダイオミーディーズ
（以上）クレオパトラの侍者

占師
道化師
クレオパトラ　エジプトの女王
オクテイヴィア　シーザーの姉、アントニーの妻

カーミアン
アイアラス
（以上）クレオパトラの侍女

他に将兵、使者、従者など大勢

〔第一幕　第一場〕

1

アレクサンドリア、クレオパトラの宮殿
アントニーの一味、デメトリアスとファイロが登場。

ファイロ　どうもこうもない、あの溺れようは何だ、我らの将たるものが、ぼけるにも程がある。かつてはその厳しい目なざしは戦場の大軍を射すくめ、軍神マルスさながらに炯々と輝いていたものだ――それが今は大した変り方だ、方向転換だ、眼は己れの役目をすっかり忘れ、ただ一つのかぐろい面に見とれている。人の将たるものにふさわしく、敵身方たがいに鎬を削る激戦に、その勇める心臓の高鳴りが胸に食入る鎧の締金をみごと弾きとばしたことがある。今は同じ心臓が自制の箍を脱ぎすてて、鞴、団扇も同然、熱っぽいジプシー女の欲情をさます道具になりさがってしまったのだ。

トランペットの吹奏に続いて、ローマの執政官アントニーとエジプトの女王クレオパトラが登場。あとから侍女、侍者の群。宦官数名が扇でクレオパトラをあおいでいる。

〔I-1〕1

ファイロ　それ、当の二人がやって来る。よく見るがいい、まざまざと窺い知れよう、世界を支える三本柱の一つが、変りも変ったものだ、今は娼婦お抱えの阿呆になってしまった。さあ、とくと見るがいい。

クレオパトラ　そのお心もちが愛だと、まことそのとおりなら、聞かせてくださいまし、どれほど深く愛しておいでか。

アントニー　世の常の浮薄な愛なら、そうして測られもしよう。

クレオパトラ　どこまであなたに愛されているか、その果てをはっきり見きわめておきたい。

アントニー　そうしたら、きっとあなたは目なかいに新しい天地を見出さずにはすむまい。

侍者がはいって来る。

侍者　ただ今、情報がローマよりはいりましてございます。

アントニー　うるさい！　要領だけ言え。

クレオパトラ　そう言わずに、会っておあげなさい、アントニー。もしかするとファルヴィアが怒っているのかもしれない。それとも、そう、何とも知れませぬ、あのろくにひげも生えそろわぬシーザーが、権力を笠に着て、何か命令を言ってよこすということもありましょう、「こうしろ、いや、これだ。あの国を取れ、そしてあっちは許してやれ。きっとだぞ、命にたがえば厳罰に処する」などと、そんなことを。

アントニー　どうしたのだ、急に？

クレオパトラ　もしかすると？　ではない、おそらくそうに決っている。これ以上お引きとめは出来ませぬ、職を免じよとまでシーザーが言ってよこしたからには。とにかく使いの者にお会いになって、アントニー。ファルヴィアの召喚状はどこにあります？　それとも、シーザーの？　いいえ、きっと両方からであろう？　さあ、使いの者をここへ。この身はまさしくエジプトの女王、それ、その顔が紅くなった、アントニー、その血のざわめきがシーザーを畏(おそ)れている何よりの証拠。さもなければ、いつもそうして頬(ほお)を染め、わが身のふしだらを恥じ、姦(かしま)しいファルヴィアの小言をおとなしく頂戴(ちょうだい)しているのかもしれぬ。さ、使いの者を！

アントニー　ローマの都もタイバー河に飲まれてしまうがいい、伸びゆく帝国に跨(また)がる広大なアーチも落ち崩(くず)れるがいい！　これこそおれの宇宙だ。王国などは土くれ同然、このけがらわしい大地ときたら、畜生も人間も見さかいなしに餌(えさ)をくれる。人生に貴きものありとすれば、ただこうすることだ。（クレオパトラを抱く）これほど想い想われた二つの魂が、このような二人の男女が、こうして抱きあえるなら、もうそれだけでよい、おれは世間の奴(やつ)ばらに有無を言わさず認めさせてやる、それだけで二人は眉(まゆ)をあげ、無類の仕合せ者と言いきれるのだと。

クレオパトラ　よくもそんな嘘(うそ)を！　ファルヴィアを妻にしておきながら、それでも愛していなかったと、どうしてそんなことが？　この私は世間の目には阿呆としか映るまい。そしてアントニーはやがて目が醒(さ)め、いつもの己(おの)れを取りもどす時が来よう。

アントニー　クレオパトラのために性根を奪われさえしなければ。それより今は、恋の女神にかけて、そのやさしく囁きかける時の流れを、耳ざわりな言争いで乱さぬようにしよう。おたがいにこうして生きている間、一瞬もじっとしてはおられぬ、次々に何か新たな快楽を造りだしてゆかねばならぬのだ。今宵は何をして過すかな？

クレオパトラ　ローマの使いにお会いになって。

アントニー　もうやめにせぬか、向う気の強い女王だ！　もっとも、このお方には、何でも似あう、叱るもよし、笑うもよし、泣くもよし、どんな激情も、その器に盛られれば、みごと己れを生かす、その美しさ、すばらしさ！　使者などに用はない、この女人の使者とあらば別だが。今宵はずっと二人きり、街々をさまよい歩き、市民の暮しぶりを間近に見たいものだ。さあ、わが女王様、ゆうべはそれがお望みだった。（侍者に）もう何も言うな。（クレオパトラと共に侍者たちを率いて退場）

デメトリアス　シーザーをこうまで軽んじているのか、アントーニアスは？

ファイロ　うむ、時にはな、アントニーがアントニーでなくなるのだ。そうなると、あの片時も失ってはならぬはずのひときわ秀れた心の働きも、さすがにどうかなってしまうとみえる。

デメトリアス　おれはがっかりした、あの調子では、嘘八百の噂雀がローマで囁きあっていた流説を裏書きするようなものだ。が、一縷の望みは捨てまい、あすになれば変るかもしれぬ。では、御機嫌よう！　（二人退場）

〔第一幕　第二場〕

2

前場に同じ

数時間後。召使たちが料理を運んだり、持ち去ったりしながら、奥の部屋との間を往き来している。そこからは饗宴のざわめきが聞えてくる。間もなく、エノバーバス、その他三人のローマ人が占師と話を交しながら出て来る。少し遅れて、クレオパトラの侍女カーミアン、アイアラス、宦官マーディアン、侍者アレクサスが出て来る。

カーミアン　アレクサス様、おやさしきアレクサスの君、この上なき何でものアレクサス殿、まずはこの上なしの申分なきアレクサス殿、どちらにおいででございますか、女王様に大層お薦めになっていらしたその占師の方は？　ああ、私、自分の御亭主になる人が知りたいの、そら、あなたが言ってくれた、間男されて角だして、その角に世界一と折紙つきの花環を飾られるという人が！

アレクサス　おい、占師！

占師　はい、何の御用で？

カーミアン　この人なの？　あなたですの、何でもお解りになるというのは？

占師　この自然と称する測り知れぬ神秘の書物、多少は読みとれる者にございます。
アレクサス　さあ、手をお見せなさい。（カーミアン、掌をさしだす）
エノバーバス　（召使に）早く口直しを持って来い。酒をたっぷりな、クレオパトラの健康を祝うのだ。（召使たちがテーブルの上に果物や酒を並べる）
カーミアン　お願い、どうぞ良い運をくださるように。
占師　それを造りだすわけにはまいりませぬ、ただ未来が見えるだけのことでございます。
カーミアン　それならどうぞ私の未来を見てくださいまし。
占師　あなた様は先々いやがうえにも輝かしゅうなられましょう。
カーミアン　肌の色がきれいになるというのね。
アイアラス　いいえ、年をとるとお化粧が段々濃くなるという意味よ。
カーミアン　皺、一大事！
アレクサス　預言者殿の心を乱すなかれ、さ、静かに。
カーミアン　しっ！
占師　あなた様は愛されるよりは愛する側に廻るお方だ。
カーミアン　私は色事よりお酒でも飲んで胸の火を燃やしていたほうがいいの。
アレクサス　黙っていなさい。
カーミアン　さあ、何かすばらしい好運を頂戴！　朝のうちに三人の王様と結婚して、みんな先に死んでもらえれば、何よりだわ。五十になったら、子供を一人生むの、赤ん坊殺しのユダヤの王様ヘロドでも、さすがに手が出せぬような立派な子を。お願いだから、いい筋を見つけて、オクテイヴィアス・シーザーの奥方になって、私の御主人の女王様と肩を並べられるような。

占師　あなた様はお仕えする貴き女人より長生きなさいましょう。

カーミアン　すてき！　私は無花果（いちじく）の実より長生きの方が好き。

占師　今日まで眺（なが）め暮しておいでになった輝かしい歳月、それにくらべれば、未来は御運が翳（かげ）りましょう。

カーミアン　それではまるで日陰者ばかり生むみたい。教えて頂戴、男の子、女の子、取りまぜて何人くらい生むことになりますの？

占師　子がほしいと思うたびに必ず身籠（みご）もり、ほしいだけお生みになったら、およそ百万人は。

カーミアン　まあ、呆（あき）れた！　でも、勘弁してあげてよ、その調子ではとても魔女の資格はないもの。

アレクサス　どうやら自分の寝床以外に、自分の秘密を知っている者はないと思いこんでいるらしいな。

カーミアン　余計なお世話、さ、今度はアイアラスの運を占って頂戴。

アレクサス　ここで、みんな自分の運命が解ってしまうというわけか。

エノバーバス　我も人も、今宵の運命は――酔いつぶれて寝るにありだ。（酒をつぐ）

アイアラス　（手をだし）この掌は貞潔の証(あか)し、何はともあれ、それだけは確かよ。

カーミアン　ナイル河そっくりね、水びたしが過ぎて、かえって何も実らないとすれば。

アイアラス　いいかげんになさい、色気違いのあなたに占いは出来ませんよ。

カーミアン　掌の脂(あぶら)ぎっているのは、たくさん子供を作る何よりの証拠、そのくらい解らなければ、人一倍かゆがるこの耳が掻(か)けません。どうぞお願い、この人にはごくありきたりなお仕着せの運命を占ってあげてくださいな。

占師　お二人の運は似たようなものでございます。

アイアラス　でも、どうして、え、どうしてですの？　一つ一つ詳しく話して頂戴。

占師　すでに申しあげたとおりで。

アイアラス　私の方がこの人より一寸(ちょっと)でもよくはございません？

カーミアン　そう、私より一寸でも運がよいとすれば……あなたはその一寸をどこで稼(かせ)ぐつもりなの？

アイアラス　まさか御亭主の鼻の高さで争う気はなくてよ。

カーミアン　これ以上、話が落ちませんように！　アレクサスの番よ――さあ、この人の運を占って頂戴、この人の！　どうぞ脚腰(あしこし)たたぬ石女(うまずめ)がお嫁さんに来ますように、生殖の女神、おやさしいアイシス様、きっとお願い申します！　それから、そのお嫁さんに先に死なれて、もっとひどいのを貰(もら)いますように！　そして次から次へと段々ひどいのを貰って、最後の一番ひどいのが、五十たびも間男をしたあげく、この人を笑ってお墓に送りこみますように！　やさしいアイシス様、このお祈りをお聴きとどけくださいまし、たとえもっと大事なお祈りをおかなえ下さらなくとも、やさしいアイシス様、きっとお願い申します！

アイアラス　アーメン、私たちの女神様、どうぞお聴きいれくださいまし、一同の切なる祈りにございます！　そうではございませぬか、美しい殿方にふしだらな妻は、傍で見ているだけで胸を裂かれるほど辛うございますが、それと同様、死ぬほどの悲しみは、醜男のくせに間男もされずにいるのを黙って見ていることでございます。ですから、私たちのアイシス様、そのお顔に賭けても、この人にふさわしい運命をきっとお授けくださいまし！

カーミアン　アーメン！

アレクサス　呆れたものだ、この連中、おれの間男されるのが見られるとなれば、淫売にでも何にでも喜んで身を落す気でいるらしい！

エノバーバス　しっ！　アントニーが来る。

クレオパトラが奥から出て来る。

カーミアン　いいえ、女王様よ。

クレオパトラ　あの方を見ましたか？

エノバーバス　いや、存じませぬ。

クレオパトラ　ここにいらしたのでは？
カーミアン　いいえ、ここへは。
クレオパトラ　お心浮くまま宴を楽しんでおられたのに、何を憶いだされたのか、にわかに気むずかしいローマ人のお顔にもどられた。エノバーバス！
エノバーバス　は、何か？
クレオパトラ　あの方をさがして。すぐここへお連れするように。（エノバーバス、命に随って退場）アレクサスはいますか？
アレクサス　はい、ここに。アントニー様がお見えになります。

アントニーが使者、および数人の侍者と共に登場。

クレオパトラ　会いとうありませぬ、さ、行きましょう。（侍者、侍女を連れて退場）
使者　奥方ファルヴィア様がみずから先頭に立っての御出陣にございます。
アントニー　おれの弟ルーシアスを討とうというのか？
使者　そのとおりでございます。が、その戦はすぐ終りました、事態の急変がお二人を結びつけ、両軍、力を協せてシーザーを相手に事を構えるに至りましたが、武運つたなく緒戦に破れて、御両人ともイタリーを追われましてございます。
アントニー　で、さらに凶報というのは？

使者　凶報はそれをもたらす者に不吉な影を与えると申します。

アントニー　そいつが阿呆か臆病の場合にはな。先を言え！　過ぎたことは、すんだことだ。よいか、おれはこういう人間だ――本当のことを言ってくれる男には、たとえそのなかに死の影がひそんでいようと、世辞同様に耳かたむけよう。

使者　ラビイーナスが――申しあげにくうございますが――ペルシア軍を率いてエウフラテス河を越え、到るところアジアを席巻し、その勝ち誇れる軍旗はシリアからリディア、イオニアの野にはためいております、然るに――

アントニー　アントニーは、そう言いたいのだな――

使者　そのような！

アントニー　ありのまま言え、世上の取沙汰を薄めることは要らぬ。クレオパトラの名もローマでの通り名どおりに呼ぶがよい。ファルヴィアの毒舌を口うつしに喚きたて、おれの弱点を嘲笑え、遠慮は要らぬぞ、事実であろうと悪意であろうと、思うさま言ってのけることだ。ああ、きっとそうなる、人間にも雑草が生えるのだ、生き生きした心の働きを失うとな。己れの悪を責められるのは、荒地を鋤き耕すにひとしい効きめがあるのだ。しばらく退って休むがよい。

使者　そうさせていただきます。（使者去る）

アントニー　シシオンの情報を！　さ、聴こう！

第一の侍者　（扉を開いて、外に）シシオンからの使者、おられるか、そういう方は？

第二の侍者　(急いで駆けこんで来て)先程からお待ち申しあげております。

アントニー　すぐ通せ。この身を締めつけるエジプトの手枷足枷、たたき切ってしまわねばならぬぞ、さもないと、いずれは情に身を滅ぼすのが落ちだ。

別の使者が手紙をもって登場。

アントニー　どこの者だ?

使者　奥方ファルヴィア様が亡くなられました。

アントニー　場所は?

使者　シシオン。御病気の経過、その他、ぜひとも御承知おきいただきたい緊急事、委細はこの書面に。(手紙をだす)

アントニー　しばらく一人にしてくれ。(使者および侍者たち、引き退る)大いなる魂が一つ消えてなくなった! それも、そうなるようにと望んでいたおれだが。人間、よくあることだ、我から憎んで卻けておきながら、そうなればまたそれを自分のものにしたくなる。現在の快楽も、時を紡ぐ糸車の廻転につれて、次第に色あせ、やがてはまったく反対のものにもなる。あれは良い奴だ、死なれてみればな。出来るものなら、この手で引きもどしたい、その同じ手でかつては押しのけたあの女を。おれは何としてもあの女王の呪縛を絶ち切らねばならぬ。無限の禍いが、おれの夢にも知らぬ数々の凶事が、この今の遊惰な日々の起き臥しから、きっと生じてこずにはすむまい。

エノバーバスが戻って来る。

アントニー　おお！　エノバーバス！

エノバーバス　何か御用で？

アントニー　おれは至急この地をたたねばならぬ。

エノバーバス　さてこそ、我ら一同、女どもを皆殺しの憂き目にあわせねばなりませんな。どうやら、ここの女どもときたら、つれない仕打ち一つで致命傷となりかねぬ風情、別れの辛さを忍べとならば、ただ死あるのみです。

アントニー　おれは行かねばならぬ。

エノバーバス　やむをえざる仕儀とあらば、女どもには死んでもらいましょう。訳もなしにただで放りだすのは、いかにも惜しゅうございますな、もっとも天下分けめの大事にくらべれば、ただ同様の連中ですが。それにしても、クレオパトラが、このことを少しでも嗅ぎつけたら、その場で死んでしまいましょう。あの人の即死には二十度も立ち会ったことがありますが、その動機ときたら、いずれも、もっと下らぬことでした。思うに、死というやつは内に激しい火花をひそめていて、それがあの女人を色仕掛けで陥れるらしい、どうやら、あの人には死に急ぎの癖がありますな。

アントニー　あの女の手練手管、誰が見抜けるものか。

エノバーバス　いや、とんでもない。あの情熱はただもうこの上なしの純粋な愛そのものです。あの人の起す風や雨を見て、溜息とか涙とか言ってはおられません。それこそまさに颱風、大あらし、暦にものせかねる空前絶後のものです。手練手管などというものではありません。もしそうだというなら、あの女性には、雷神ジュピターさながら、雨を降らせる伎倆があるのでしょう。

アントニー　あんな女に会わねばよかったのだ！

エノバーバス　おお、それこそ、驚歎すべき造化の妙を御覧にならずに過ぎるというもの、その祝福を得ずに御帰国なさったなら、どこを歩いて来たと言われましょう。

アントニー　ファルヴィアが死んだのだ。

エノバーバス　え？

アントニー　ファルヴィアが死んだ。

エノバーバス　ファルヴィア様が！

アントニー　死んだのだ。

エノバーバス　さよう、さしあたり神々に感謝の生贄を捧げられますよう。いかなる風の吹き廻しか、もし神々にして、人よりその妻を奪わんとの心を起したもうたとすれば、それはつまり、下界の仕立屋たらんのお心構えを示されただけのこと、いわば、こう慰めておいでなのです、今までの服が古びて着られなくなったら、新しいのを作る生地はいくらでもあると。もしこの世にファルヴィア様のほか女はいないとなれば、それこそ大きな痛手と申すべく、歎き悲しんで然るべき状態でありますが、この悲歎もやがては慰めの冠を授けられるというわけ、すなわち、着古した下着の代りに新しい肌着が手に入る次第、正直の話、この種の悲しみを洗う涙は、玉葱がまずは一手に引受けてくれましょうな。

アントニー　あれは本国で事を起したのだ、おれが行かねば、そのかたはつかぬ。

エノバーバス　そのあなたがこの地で事を起された、これもあなたなしではかたがつきませぬ。ことにクレオパトラの一件は、ことごとくあなたの滞在にかかっている。

アントニー　軽口はもう沢山だ。指揮官たちに計画を知らせておけ。おれは女王に、にわかの出兵の理由を打ちあけ、暇乞いをして来る。ファルヴィアの死、それにも増して憂うべき数々の緊急事が、おれに強く呼びかけてくる。かてて加えて、あの手紙だ、われらに力を協せ事を挙げんとしているローマの仲間たちが、次々におれに帰国を促してくる。セクスタス・ポンペイアスはすでにシーザーに戦いを宣し、今や海上の覇権を一手におさめている。浮薄な民衆は、いつもの伝だ、功績ある者を愛することを知らず、その功績が遠く過去のものとなって始めてそれに気づく、そうしてようやく今になって、大ポンペイの栄誉を息子の頭上に被せようとしているのだ。あの男は名実ともに兼ね備え、それにも増して血気の若さを恃み、みずから随一の名将をもって任じている。事態がこのまま推移すれば、帝国全土がいつ危殆に瀕せぬともかぎらぬ。あちこちで胎の子が動く、まじないに使う馬の毛と同じだ、が、それも水の中でやっと命を得たばかり、毒蛇となるにはまだ間がある。さあ、将軍の命令だと言え、直属の者にだけだぞ、ただちにここを引きあげるとな。

エノバーバス　畏(かしこま)りました。（二人退場）

3　〔第一幕　第三場〕

前場に同じ

クレオパトラ、カーミアン、アイアラス、アレクサス登場。

クレオパトラ　あの方はどこに？

カーミアン　最前からお見かけいたしませぬ。

クレオパトラ　見て来ておくれ、どこにおられるのか、誰と一緒か、何しておいでか。いいえ、私の使いで行くのではない。もし沈んでおいでなら、私が踊っているとお言い、楽しそうにしていらしたら、急病だからとお伝えするがよい。さ、早く行って来ておくれ。（アレクサス去る）

カーミアン　差出がましゅうはございますが、もしあのお方を本当に好いておいでなら、そのようなされ方で、お心がかちえられるものとは思えませぬ。

クレオパトラ　それなら、ほかにどうしろと？

カーミアン　すべてはあのお方のお心まかせ、何事につけ、お逆らいにならぬように。

クレオパトラ　事もあろうに愚かな入智慧を、それでは見す見すあの方を失うようなもの。

カーミアン　あまりお気を引くようなことはなさらぬほうが。本当に、そっとしておいてさしあげるのが一番でございます。人情の常として、あまりうるさくされると、やがてはその相手を憎むようになりますもの。

アントニーがはいって来る。

クレオパトラ　私は病気、気分がすぐれない。

カーミアン　やめましょう、アントニー様がお見えになります。

アントニー　実は一言、お伝えしておきたいことがあるのだが――

クレオパトラ　奥へ連れて行っておくれ、カーミアン、気が遠くなりそう、もうとてもこうしていられそうにない、体がいうことをきかぬのだもの。

アントニー　女王、一言――

クレオパトラ　お願い、離れていて。

アントニー　一体、どうしたというのだ？

クレオパトラ　知れたこと、その目にはっきり書いてある、何かよい便りがあったらしい。ああ、きっと奥方からお帰りを促しておいでになったのでは？　それなら、いっそここへ来るのをお許しにならねばよかったのに！　御主人がここを動かぬのは私のせいだとは言わせませぬ。私にそれだけの力はない、あの方のものだもの、あなたは。

アントニー　神々に誓ってもよい――

クレオパトラ　ああ、女王の身でかほどの裏切りを受けたものがまたとあろうか！　いいえ、始めから私には不信の芽生えが見えていた。

アントニー　クレオパトラ――

クレオパトラ　あなたが私のもので、終生変らぬお心の持主だと、どうしてそう考えられよう、いくら数々の誓いで並みいる神々の御座を揺がせるほどのお方であろうと、所詮はファルヴィアに不実を働いたあなたではありませぬか？　狂気も沙汰のかぎり、私としたことが、あんな口先だけの誓言にまんまと引掛るなどと、誓いがそのまま嘘になっているとも知らずに！

アントニー　女王、まあ、話を――

クレオパトラ　いいえ、この上は、御出立の口実などおさがしにならないで、別れの挨拶をしてお出掛けになればよい。ここに留りたいと仰せのときには、それこそ、言葉も役には立ちました。そのころは御出立の話など、おくびにも出ず、たがいの目にも唇にも永遠が、そして眉には清らかな喜びが宿っておりました。その五体のどこにも汚れはなく、隅々まで天上の香りが浸みていた。いいえ、それは今も同じはず、それとも、この世で最も秀れた武人のあなたが、打って変ってこの上なしの大嘘つきになったのか。

アントニー　どうしてそのようなことを！

クレオパトラ　あなたと同じ脊丈がほしい。そうすれば思い知らせてやれよう、エジプトの女王にも五分の魂があることを。

アントニー　まあ、話を聴いてくれ。事態は急を告げているのだ、しばし暇を乞わねばならぬ。が、おれの心はその胸に預けて行く。本国イタリーでは到るところ内乱の剣が閃いている。セクスタス・ポンペイアスはローマの港に迫っている。国にいずれ劣らぬ二つの勢力が対峙する時、かならず些細なことから内訌を生じるものだ。かつての憎まれ者も力を得るにしたがい、新たに人気の座につく。追放の苦杯をなめさせられたポンペイが、父親の名誉を戴き、いつの間にか、時勢に志を得ぬ者どもの心のうちに忍びこみ、その兵力、今や侮るべからざるものがある。永の平和も、事なき無聊に倦み疲れれば、その澱んだ血を放つため、いかなる狂激な変化も喜んで迎えかねまい。それに、いささか私事もある、お聴きになれば、急の出立、たぶん納得してもらえよう、ファルヴィアが死んだのだ。

クレオパトラ　この年になっても、身を焼く情火から逃れられぬ愚か者、でも、もう子供の殻は脱ぎました、まさかファルヴィアが死ぬなどと？

アントニー　それが、死んだのだ。これを御覧になるがよい、いずれお暇の折に読んでいただきたい、あれがどんな騒ぎを捲き起したか。終いの方に一番よい事が書いてある、そこを読めば、あれが、いつ、どこで死んだか、お解りになろう。

クレオパトラ　ああ、不実な男もあったもの！　悲しみの涙で満たし、柩に納めねばならぬ、あの神聖な涙壺（なみだつぼ）を、どこに置き忘れておいでか？　これで解りました、ええ、解りましたとも、ファルヴィアが死んでくれて、おかげで、私が死んだとき、どうあしらわれるかが目に見えるよう。

アントニー　そう意地の悪いことを言わずに、おれの話を聴く気になってくれ。やるかやらぬか、いずれとも助言がほしいのだ。ナイル河の泥土を肥やす太陽神にかけて誓う、おれは女王の兵士として、僕（しもべ）として、この地を去るのだ、和するも戦うも、すべては御意に委（ゆだ）ねよう。

クレオパトラ　この胸飾りをほどいておくれ、カーミアン、早く。いいえ、もうよい――私はすぐ気分が悪くなるの、かと思うと、たちまち直ってしまう――まるでアントニーの心のよう。

アントニー　女王、しばらくの我慢だ、機嫌を直して、そのアントニーの心によい顔を見せてくれぬか、高貴な試煉に耐えるまことの証（あか）しに。

クレオパトラ　そうファルヴィアも私を訓（さと）してくれた。構いませぬ、向うをむいて、あの人のために泣いて、そして私に別れを告げ、エジプトの女王のために流した涙だと言うがよい。さあ、お芝居を見せてもらいましょう、上手（じょうず）にうわべをつくろい、精々まことらしゅう見せかけるのです。

アントニー　怒るぞ、もうよせ。

クレオパトラ　お芝居はもっとお上手なはず、いいえ、今でも相当なものだけれど。

アントニー　よし、この剣にかけて誓おう――

クレオパトラ　お次は楯（たて）にかけて。段々、手がこんでくる。でも、まだまだ。それ、御覧、カーミアン、ハーキュリーズの血を引くこのローマ人を、さすがは役どころ、腹をたてると、ひときわ見栄(みば)えがする。

アントニー　（頭をさげ）では、これでお暇(いとま)しよう。

クレオパトラ　痛み入ります、それなら一言。そう、二人は別れなければならない、いいえ、言いたいのはそのようなことではありませぬ。そう、二人は想い想われてきた、いいえ、言いたいのはそのようなことではありませぬ。すべてよく御存じのはず。何やら言いたいことがあったのだけれど。ああ、私としたことが、どうしてこうも忘れっぽいのだろう、まるでアントニーそっくり、何もかも忘却(ぼうきゃく)の淵(ふち)に沈んでしまう。

アントニー　王者なればこそ、いかに愚かな気紛(きまぐ)れも家臣同様、意のままに使いこなそうつもりらしい、さもなければ、こちらはすんでのところで、それをただの愚かな気紛れと思い違いするところだった。

クレオパトラ　どんなに辛いことか、まるで身を絞られるよう、気紛れは気紛れでも、このクレオパトラは燃える胸の呻(うめ)きにかけてそれを産むのだもの。もうそれは言いますまい、私を許して。どのような魅力も、この身にとって所詮(しょせん)は仇(あだ)、肝腎(かんじん)のあなたのお目に好もしく映らなければ、甲斐(かい)もない。名誉にかけて帰らねばならぬとおっしゃる。それなら、誰ひとり憐(あわ)れむ者もない私の愚かな言葉になど、耳をお貸しにならぬよう、そして神々もこぞって征旅のお身方を！　その剣のうえに勝利の月桂樹が輝きますよう！　行く手、行く手に、滞りなき勝ち戦(いくさ)の花が散り敷かれますよう！

アントニー　さ、奥へ。何のことはない、別離とはいうものの、のちに想いが残るといえば残り、消えるといえば消える、ただそれだけのこと、つまり、その身はここに留るも、しかも我と共に行き、我はこの地を去るも、なおその身の傍(そば)に在るのだ。さ、行こう！（一同退場）

〔第一幕　第四場〕

4

ローマ、シーザー邸

オクテイヴィアス・シーザーが手紙を読みながら出て来る。レピダス、その他、二人の部下たちも一緒に登場。

シーザー　こういうわけだ、レピダス、今後も知っておいてもらいたい、シーザーはおのが根性のあさましさから有為の同志を憎んでいるのではない。アレクサンドリアから、この情報だ。魚釣りに日を送り、酒をくらい、徹夜の遊興に身をもちくずす。男の性根はどこへやら、クレオパトラにすっかりお株を奪われてしまったとみえる、いや、そのトレミーの妃(きさき)も妃だ、女らしさではあの男にかなわない。使者をやっても容易に会おうとせず、同志の存在もほとんど念頭にないらしい。そのなかにも読みとれよう、誰しも犯しがちなあらゆる過失を一身に集めた男の姿が。

レピダス　といって、この私には、あの男の美点をことごとく帳消しにしてしまうほどの悪が、まさかこの世にあるとも思われぬ。過失とはいえ、それもあの男の場合、いわば天上の星のごときもの、あたりが夜の闇に蔽われて、始めて強い光を放ちはじめただけのこと。むしろ生れつきのもので、みずから好んで身につけたのでもあるまい。いまさら変えようもなく、意のままに取捨できるはずのものでもない。

シーザー　寛大にも程がある。よろしい、一応みとめよう、トレミー王家の閨房にころがりこんだのも不都合ではない、王国を一夜の歓楽に代えるもよし、坐して奴隷と飲みくらべをし、昼は街なかをよろめき歩き、汗くさい無頼漢どもを相手になぐりあいをする、それもよい、あの男として恥ずかしからぬふるまいとしよう——もっとも、よほど稀な資質というほかはないな、それだけのことをして、少しも穢されずにいるというのは——といって、アントニーの立場からは、その汚辱に満ちた非行の言いのがれは出来まい、我々の迷惑はどうなるのだ、やつの軽はずみのおかげで、とんだ重荷を背負わされることになったのだからな。これがただ暇つぶしに、己れの空洞を己れの欲情で埋めたというだけのことなら、胸がむかつくとか、骨が干あがるとか、いずれにせよ因果は己れの上にめぐってこよう。が、今は時が時だ、軍鼓の響が遊興を卻け、帰国を促し、我らにとって事態の急を告げているというのに——それを無視するようなら、頭からどなりつけてやるべきだ、子供と思えばよい、一応わきまえがつく年頃になっても、折角の智慧を目前の楽しみに売り渡し、己れの分別に楯つくというやつだ。

そこへ使者がはいって来る。

レピダス　おお、また知らせが。

使者　御命令どおり手配を終りました。いずれお手許まで、国外の動きについて次々に報告がまいりますはず。ポンペイは海上にあって日増しに強大となり、これまでシーザーを恐れていた者の間に人気あるらしく、港々には不平の徒が集まり、口々にポンペイを不当に遇せられしもののごとく言いふらしております。

シーザー　そのくらいの予想は当然しておくべきだったのだ。国家の出現以来、いつもそうだった、中原に鹿を逐う者はかならず望みをかけられる、が、それも獲物を手にするまでが花なのだ、そのくせ、かつての人気者もひとたび落ち目になると、誰ひとり見向きもせず、じじつ見る影もなくなるまで放っておいて、やがてそいつが世間から姿を消してしまうと、始めて惜しい人物だったということになる。この大衆というやつ、流れに漂う葦さながら、あてどなく往きつ戻りつ、さしひく潮の変化に身を任せ、流転のうちにみずから腐ってゆくのだ。

使者　さらに申しあげねばならぬことがございます。メネクラティーズとメーナスの二人、名うての海賊、すでに海上をわがものとなし、縦横無尽、あらゆる種類の船を出没させ、数次にわたる強襲をもってイタリー本土まで脅やかしおる次第、海岸の住民はそれを恐れて色を失い、血気の若者は競って逆徒と化し、船という船は港から顔を出したら最後、たちまち見出だされ、敵に奪われるのが関の山、すべてはポンペイの名が実力以上の働きをしているだけのこと、いざ、我を迎えるとなれば、到底あれだけの威力は発揮できまいと思われるほどでございます。

シーザー　アントニー、そのみだらな酒宴を止めにしてくれ。貴様がかつてモデナから敗れて引揚げるときのことだ、その地で貴様はヒルティウス、パンサ、二人の総督を討ちとったものの、その踵を嚙むように饑餓が跡を追いかけてきた。この大敵を向うに廻して、貴様は大いに戦った、人一倍気ままに育てられたというのに、その見事な頑張りは土民もおよばぬほどだった。のどが渇けば、馬のいばりを飲み、獣さえむせて受けつけぬぎらぎら澱んだ溜り水にも口をつけた。そうして、その歯は、どんな穢ない垣根のどんなまずい木の実でも平気で食いかじったのだ。そうだった、雪の牧場をうろつく牡鹿よろしく、ついには樹の皮まで食ったのだ。アルプス越えのときには、怪しげな肉を食したとか、なかにはそれを見ただけで死んだ者もいると聞いている。それもこれも――いや、今それを言えば、貴様の名誉を傷つけることにもなろうが――当時はあっぱれ武人にふさわしく、みごと耐え凌いで、その頰にいささかの衰えも見せなかった貴様だった。

レピダス　あの男のために惜しむべきこと。

シーザー　みずから恥じて、ただちにローマに舞いもどってもらいたい。我ら二人もこうしてはおられぬ、とうに戦場に乗りこんでいなければならぬ頃、そのためにも私としては、即刻、会議を開いて作戦を練っておきたい。こちらが手を拱いている間に、ポンペイはますます強大になるばかりだ。

レピダス　あすになれば、正確な数字をお知らせ出来よう、とりあえず目下の急に応ずるため、海陸併(あわ)せてどのくらいの兵力をこの手で動員できるか。

シーザー　その時まで、私の方でも、それだけの用意はしておこう。では、いずれ。

レピダス　御機嫌よう。また何か国外の情勢についてお聞きおよびのことがあったら、ぜひ私にもお知らせいただきたい。

シーザー　言うまでもない、それこそ私の義務だ。（一同退場）

〔第一幕　第五場〕

5

アレクサンドリア　クレオパトラの宮殿

クレオパトラ、カーミアン、アイアラス、マーディアン（宦官(かんがん)）が出て来る。

クレオパトラ　カーミアン！

カーミアン　はい？

クレオパトラ　（あくびをして）ああ、ああ！　マンドラゴラを飲ませておくれ。

カーミアン　どうしてそのようなことを？

クレオパトラ　アントニーのいないこの長い時の間を眠ってすごすために。

カーミアン　そうまでお思い詰めにならなくても。
クレオパトラ　おお、よくも私を裏切って！
カーミアン　決してそのようなつもりは。
クレオパトラ　宦官マーディアン、ここへ！
マーディアン　女王様、何の御用でございましょうか？
クレオパトラ　お前の歌を聴こうというのではない。今の私を慰められる何物も宦官には無いはず。お前は気楽な身の上、去勢されたおかげで、放埒な想いに身を任せこのエジプトから脱けだそうなどと思わずにすむもの。そのお前にも情熱はあるのかい？
マーディアン　ございますとも、女王様。
クレオパトラ　本当にしますよ。
マーディアン　いいえ、本当には何もいたしません、じつは出来ないのでして、本当の話、ただ身を貞潔に保つこと以外、まったくの能なしでございます。それでも、情熱だけは人一倍、燃えやすいほうで、美神ヴィーナスが軍神マルスと何をしたかくらい、結構、察しはついております。
クレオパトラ　カーミアン、今、あの方はどこにおいでだろう？　立っていらっしゃるかしら、それとも腰をおろしておいでかしら？　歩いておいでか、馬にのっていらっしゃるか？　ああ、その馬こそ、しあわせ者、全身にアントニーの重みを感じていられるのだもの！　みごとにお役に立っておくれ！　知っているのだろうね、お前は、どなたをお載せしているのか？　その人は、この地球の半ばを背負って立つ巨人、全人類の剣、兜にもひとしきお方なのだ。ああ、何かおっしゃる、口のなかで呟いていらっしゃる、「わがナイルの蛇はどこにいる？」と。私のことをいつもそんなふうに呼んでいらしたもの。そうして今、私の胸は世にも甘い毒で満たされている。この身のことを想うてくださるのか、日の神フィバスにかわいがられ責められて、このように黒く肌を焼かれ、時の手でこのように深く皺を刻みつけられたこの身のことを？　額の秀でたシーザー、お前がまだこの世に生きていたころ、この身は王の口にもふさわしい供え物だったのだ、大ポンペイもその目をこの額に注いで離そうともしなかった、まるでそこに錨をおろしたよう、生涯、おのが命と眺めあかして悔いぬげに。

　　アントニーに使したアレクサスが戻って来る。

アレクサス　エジプトの女王様、御挨拶を！

クレオパトラ　マーク・アントニーとは似てもつかぬお前！　でも、あの方のところから戻って来たおかげとみえる、大した薬の効きめだこと、その色に染まって、お前まで金色に輝いている。さ、御様子を、私の大事なマーク・アントニーはどうお過しか？

アレクサス　一番最後に、女王様、口づけを――それも幾度かくりかえされたあげく、その最後の口づけを――この東方の真珠に。その折のお言葉が今もなおこの胸底にこびりついております。

クレオパトラ　この耳がそれを捥ぎとって見せよう。

アレクサス　「友よ」そう仰せになりました、「伝えてくれ、心変らぬローマ人より大いなるエジプトの女王に、この牡蠣の宝珠を贈るとな。さらにその足もとに膝まずき、このささやかな贈り物に光を添えるため、富める玉座の賑いに、いくつかの王国を附け加えたい。すなわち、東方諸国はすべて、よいか、そう伝えるのだぞ、いずれは女王を主と仰ぐに至ろうとな」そう仰せになり、打ちうなずかれながら、いかにも戦い馴れて肉の引緊った駿馬に厳然とお跨がりになりました。そのとき、馬は猛き嘶きをあげ、ために、お答え申しあげたきことも、いまいましいことながら、何ひとつ口に出来ずじまいに終ってしまったようなわけでございます。

クレオパトラ　御機嫌は、悲しそうにしておいでだったか、それとも楽しそうに？

アレクサス　季節にたとえて申さば、盛夏、酷寒、いずれでもなく、ちょうど程よい頃合い、悲しそうでも楽しそうでもございませんでした。

クレオパトラ　ああ、それこそ釣合いのとれた御気質！　御覧、御覧よ、カーミアン、それでこそ、あのお方らしい。まあ、御覧。悲しそうではなかったと、そうとも、いやでも輝かしい面をお見せにならねばならぬお立場、兵どもの顔の輝きも、皆そのお顔次第でどうにでもなるのだもの。楽しそうでもなかったと、どうやらそれはこういうこと、尽きぬ想いを、愛する女ともどもこのエジプトに残してきたと、兵どもに告げたいらしい。それで、どちらともつかぬお気もちなのだ。ああ、類いまれなお心ばえ！　悲しみにせよ、楽しみにせよ、どんな激情に身を委ねても、あなたにはそれが似つかわしい、誰にも真似の出来ぬこと。私のやった使者たちにお会いか？

アレクサス　はい、二十人も、別々の御使者に。それにしても、なぜ、ああ続けさまにお使いを？

クレオパトラ　誰であろうと、アントニーに使いを送り忘れた日に生れるものは、乞食(こじき)になって野たれ死にするがよい。インクと紙を、カーミアン。御苦労でした、アレクサス。あの頃の私も、カーミアン、これほどシーザーを想っていただろうか？

カーミアン　ああ、御立派なシーザー様！

クレオパトラ　息がつかえてしまうがよい、もう一度、そのように妙な節をつけて言おうものなら！　さ、お言い、御立派なアントニー様と。

カーミアン　勇敢なシーザー様！

クレオパトラ　女神アイシスに賭(か)けて、きっとその歯を折ってやる、もう一度シーザーを、私の大事な、あの男のなかの男ともいうべきお方の引合いに出したりなどしようものなら。

カーミアン　どうぞお許しを、ただ、いつかのお言葉をそのまま口うつしに申しあげたまででございます。

クレオパトラ　あれはいわば菜の味しか知らぬ頃のこと、分別もまだ青くさく、情けも知らず、今のお前そっくり。その頃の言葉を今さら持出すなどと。まあ、よい、奥へ行きましょう、インクと紙を頼みます。きっと毎日、何度でもお便りをさしあげよう、もし人手が足りなければ、エジプト中の人間を一人残らず狩出しても。（一同退場）

〔第二幕　第一場〕

6

メシーナ、ポンペイ邸

ポンペイ、メネクラティーズ、メーナスが武装のまま登場。

ポンペイ　もし神々が公正なものならば、一番公正な人間の行為に身方をしてくれるはずだ。

メーナス　いや、ポンペイ、神々がすぐ願いをかなえてくれぬからといって、それだけで卻けられたとは申せませぬぞ。

ポンペイ　その御座に祈願を捧げている間に、肝腎のほしいものが腐ってしまう。

メーナス　人間、わが身のことは解らぬもの、時にはおのが禍いともなるべきことすらねだりかねませぬ。それを、我らのために賢き御手が卻ける。つまり、祈ったものを失って、かえってこちらは得をするというわけです。

ポンペイ　万事うまくゆくと思う。民衆はおれを愛している、海はすでにおれのものだ。身方の兵力は新月の勢さながら、おれはひそかに予想している、やがてそれが満月となる日も遠くはないとな。マーク・アントニーはエジプトに在り、酒宴の席を立とうともせぬ、外へ出て事を構えよう気など毛頭ない。シーザーは金を貯めるのに汲々とし、ために民心を失っている。レピダスはその間にあって、二人の機嫌をとり、二人に機嫌をとられているといった恰好だが、といって、あの男、そのいずれにも友情を懐いているわけではないし、二人の方でもあの男のことなど少しも心にかけてはいないのだ。

メーナス　シーザーとレピダスとはすでに戦場に姿を現わしました。それも強大な兵力を擁しているとか。

ポンペイ　どこから聞いた？　嘘だ。

メーナス　シルヴィアスからです。

ポンペイ　奴、夢を見ているのだ。間違いない、二人ともまだローマにいる、ひたすらアントニーの帰るのを待ちこがれてな。だが、その恋の魔力にものを言わせるのだ、淫婦のクレオパトラ、そして貴様の萎びかけた唇をせいぜい柔らかくしてくれるのだ！　手練手管のまじないをきかせてくれ、美しいだけでは間に合わぬ、いや、その上にも邪淫の焔を！　そしてあの好き者を酒盛の網目に閉じこめ、脳みそまで酒くさくさせてやるがよい。食通の料理人どもも程よい味つけで、奴を倦かせぬよう、絶えずその食欲をそそりたててくれ。ただ眠って食らって、名誉も信義もそっちのけ、黄泉の国のレーテの川水を飲んだように、何も彼も忘れ果ててしまうがよい――

ヴァリアスが登場。

ポンペイ　おお、どうしたのだ、ヴァリアス！

ヴァリアス　今度こそ確かな知らせにございます、マーク・アントニーは今にもローマ到着とのこと、敵方一同待機中とか。エジプト出発の時期から考えましても、十分それだけの日数は過ぎております。

ポンペイ　耳に逆らうにも程がある。メーナス、思いもよらなかったぞ、あの好色の放蕩者(ほうとうもの)がこんな小競(こぜ)りあいに兜(かぶと)を被(かぶ)って乗出して来ようとはな。奴一人で残りの二人に倍する力がある。が、こちらにしてみれば、それもうぬぼれの種となろう、我らが立ちあがったればこそ、エジプトの後家の膝(ひざ)から、あの色に飽くことを知らぬアントニーを無理やり引きずり出したのだからな。

メーナス　まさかシーザーとアントニーとが手を握りあおうとは思いませぬが。死んだアントニーの妻はシーザーに叛(そむ)き、弟もまたシーザーに挑(いど)んで事を起しております。必ずしもアントニーの唆(そそのか)しによるものとは申せませぬが。

ポンペイ　解るものか、メーナス、小さな憎しみは大いなる憎しみに席を譲るのが習い。もしおれたちが奴らを共に敵に廻して事を起しさえしなければ、今にも摑(つか)み合いの大喧嘩(おおげんか)にもなりかねまじい連中だ、それぞれ大義名分もあること、それを楯に剣を抜いて争いもしよう。が、今はおれたちを恐れている、ここは何としてでも相互の分裂を防ぎ、小異を捨てて大同に就くのが理の当然、どう出るか解るものか。すべては神々の御心次第だ！　こちらは、生か死か、ただ全力を挙げて戦うほかはない。さあ、メーナス。（一同退場）

〔第二幕 第二場〕

7

ローマ、レピダス邸
エノバーバスとレピダスが登場。

レピダス　エノバーバス、それはいわば立派な仕事だ、お前の人柄にもふさわしかろう、自分の将軍に対して、話を穏やかに進めるように進言するというのは。

エノバーバス　私なりに進言はしてみましょう、飽くまで御自分らしく御応答なさるがよいと。もしシーザーの言うことが気に障ったなら、アントニーはシーザーを眼下に睥睨し、軍神マルスのごとく大声にどなりつけるべしだ。ジュピターに賭けて申しましょう、この私にアントニーのひげが生えているなら、今日だけは断じて剃りませぬぞ。

レピダス　時が時だ、些細な私怨にこだわるべきではない。

エノバーバス　その時というやつ、いつでも事件をお待ちかねなのだ、始めからその種を宿しているのです。

レピダス　が、小事は大事の前に道を譲らねばならぬ。

エノバーバス　そうは参りませぬ、小事の方が先に出来すれば。

レピダス　言うことが極端だぞ。まあ頼む、燃えさしを掻き起すようなことをするな。それ、アントニー殿の御入来だ。

アントニーとヴェンティディアスが話しながら登場。

エノバーバス　それに、向うを、シーザーが。

シーザー、メーシナス、アグリッパが別の戸口から登場。

アントニー　ここで話がまとまりさえすれば、すぐにもパルティアに出陣だ。おい、ヴェンティディアス、耳を。

シーザー　おれには解らぬ、メーシナス。アグリッパに訊いてみろ。

レピダス　お二人に言っておきたい、我々に一致を促したのは目前の大事だ、してみれば、取るに足らぬ些事のために、仲間割れなどしたくない。何かこだわりがあるなら、その言い分には穏やかに耳を貸すことだ。些細な利害の相違も声高に論じあえば、傷を癒そうとしてかえってその人の命を奪うことにもなりかねぬ。されば、御両人に私の切なる願いとして申しあげたい、相手方に一番痛い箇処に触れるときこそ、心して優しい言葉を用いること、まして気色ばんで事を荒だてたりせぬように。

アントニー　よく言われた。たとえ今、敵が目の前にあり、いざ戦というときでも、まずこのと

おりだ。（シーザーの手を取る。トランペットの吹奏）

シーザー　よくこそ、ローマへ。

アントニー　ありがとう。

シーザー　まあ、坐れ。

アントニー　そちらから先に。

シーザー　では。

アントニー　聞くところによると、誤解があるようだな、さまでもないことを、いや、いずれにせよ、あなたには何の関わりもないことまで。

シーザー　私としては物笑いの種とされても仕方はない、もし取るに足らぬ些事がもとで不平を鳴らし、それが事もあろうにあなたに向ってだとすれば。それどころか、もっと笑われても文句は言えぬ、かりそめにもあなたの名を傷つけるような悪態をついたというのなら、それも故なくあなたの名を引合いに出したというのなら。

アントニー　私のエジプト滞在だが、シーザー、それがあなたに何の関係があるのだ？

シーザー　何の関わりもない、シーザーがこのローマに在るがごとく、アントニーはエジプトに在る、それだけのことだ。ただ、その地に在って、わが版図に対し何らかの働きかけが行われるならば、アントニーのエジプト滞在は、あるいは黙過できぬことになるかもしれぬ。

アントニー　一体、何が言いたいのだ、その働きかけというのは？

シーザー　まんざらでもあるまい、それが解れば、いや、この地でこの身がどれほど悩まされたか、それから察しはつこう。奥方と弟御とが私に逆らって兵を挙げた、しかも挙兵の目的はアントニーを起たしめるにあり、アントニーこそ開戦の旗印だったのだ。

アントニー　それは誤解だ。弟は私を戦の口実になどしてはいなかった。こちらも調べるだけは調べた、直接に、それもあなたと共に戦った連中の口から聴いて知ったことだ。弟は、あなたのみかこの身の威信まで墜してしまったではないか、それこそこの身に向って弓を引くも同じこと、もともとシーザーとは同じ大義を分ちもつアントニーではないか？　そのことは前もって手紙に書いておいたとおり、解ってもらえそうなものだ。あれこれ取りたてて言い掛りを附けるつもりかしらぬが、それだけの種が無い、だからといってそんなことを持出す法はあるまい。

シーザー　自分のことを棚にあげて、非は専らこの身に在りと言いたげだが、あなたこそあれこれ拾いあげて弁解の種にするつもりらしい。

アントニー　何を言う、何を。当然、あなたには解っているはずだ、そう私は信じている、どう考えたところで、この私が、あなたと同じ大義に拠って立つ、いわば同志のこの私が、その大義に挑まれ、嬉しそうに目を細め、おのが安穏を脅やかす戦を見過すわけがあるまい。妻のことだが、ああいう気性の女を持ってみるがよい。全世界も三分の一はあなたのものだ、それは手軽に操れもしよう、が、ああいう女はどうにもならぬ――

エノバーバス　女房という女房がそうあってくれれば、万事は好都合、めおと同伴にて御出陣とゆけましょう！

アントニー　──それほど度しがたい女だ、ああして乱を起したのも、因はといえば、シーザー、その持前のわがままからだが、それはそれなりに結構たくらみもあり、私としても遺憾ながら認めざるをえない、事実、あなたには随分迷惑をかけた。言い分はあろうが、私にはどうにも出来なかったのだ。

シーザー　私は手紙を書いた。アレクサンドリアで御遊興中のことだ、手紙はそのまま懐ろに突きこみ、数々の嘲罵を使者の頭上に浴びせかけ、早々に追出したという。

アントニー　待て、あの男はいきなり飛びこんできた、許しも得ずにだ、あの時はな。三人の王を相手の宴を終えたばかりで、朝の私とは大分違っていた。だが、翌日、そのことは使者に言っておいたはずだ、いわば詫びたも同然であろう。あいつの話はこのいざこざとは無関係にしてもらいたい。おたがいの争いは争いとして、奴のことは問題外にしてくれ。

シーザー　何より、そちらは誓いの明文を破っている、こちらも同じ非ありとは言わせぬぞ。

レピダス　待て、シーザー！

アントニー　よい、レピダス、存分に言わせてやれ。名誉心となれば何より神聖だ、話はそれだったな、私にはそれが無いという。よし、その先を、シーザー。誓いの明文というやつを──

シーザー　当方の求めに応じて武器を貸し、援兵を送ること、それを、あなたはいずれも拒んだ。

アントニー　怠ったと言うべきだ。あの時は夜を徹して飲みつづけ、すっかり正体を失っていたのだ。今となっては、いかようにも詫び償うつもりでいる。率直がよもやアントニーの威信を傷つけはしまい、アントニーの力もいわばそこに源があるのだ。事実を言おう、ファルヴィアは、ただこの身をエジプトから引離すのが目的で、この地に兵を挙げたのだ。それについては、全くこの身の与り知らぬこととはいえ、名誉心の許す限り膝を屈して、許しを乞うほかはない。

レピダス　よくぞ言われた。

メーシナス　願わくは、お二人とも、これ以上のお責めあいはお止めになっては。すべてをお忘れいただければ、おのずと思いだしてもいただけましょう、目下の急務はお二人の和解にございましたはず。

レピダス　言い得て妙だ、メーシナス。

エノバーバス　あるいは、おたがいに仲直りはこの場だけの貸しに附けておいて、いずれポンペイの方がかたづいてから、改めて返してもらってもよろしい。その時はもう他に何もすることがありませんし、取組合いだろうが何だろうが、ゆっくりやる暇があるというものです。

アントニー　貴様はただの武人に過ぎぬ、口出しはするな。

エノバーバス　そうだ、真実は黙して語るなかれ、うっかり忘れるところでした。

アントニー　物を言えば座を白けさせるだけだ、いいから口はきくな。

エノバーバス　では、御勝手に。貴下のため思う石とならん。

シーザー　腹は立たぬ、言いざまが悪いだけだ。いずれにせよ、末永くいつまでも友好を保ってゆける間柄ではない、おたがいの気質の違いが事ごとに現われようからな。しかし、我々二人を結び合せ、世界の端から端までがっしり固めてくれる箍さえあれば、私はそれを何としてでも手に入れたい。

アグリッパ　お許しを、シーザー、私にも一言。

シーザー　言え、アグリッパ。

アグリッパ　あなたにはお姉上がおいでになる、母御のお血筋の、かの誉れ高きオクテイヴィア、一方、マーク・アントニーは今は独り身でいらっしゃる。

シーザー　言葉を慎め、アグリッパ。クレオパトラに聞えたら、心なき男と叱られるぞ。

アントニー　私に妻はない、シーザー、アグリッパの話、先を聞かせてくれ。

アグリッパ　お二人を永遠の融和に導き、御兄弟の誓いに心の結び目の二度と解けぬよう、アントニー殿にはオクテイヴィアを入れて奥方にされるに越したことはありますまい。その美しさに値する夫は、男の中の男ともいうべき人物をおいて他にないはず、その徳、その魅力、いずれも他の女人には求めて得られぬもの。この婚儀さえ整えば、今は大きく見ゆる諸々の些細な疑いも、今でこそ一触即発と見ゆる諸々の大きな危惧も、たちどころに消えてなくなりましょう。事実も単なる座興と化す、それが今では、半ば座興に過ぎぬものまでたちまち事実として通用してしまう有様です。お二人に対するかの人の愛情がおたがいの友誼を目醒めさせ、衆望もかの人にならって翕然とお二人に集まるというもの。お喋りが過ぎました、それも前々より考えおきましたこと、決して即座の思いつきではなく、国のためよかれと、あれこれ考えあわせての話にございます。

アントニー　シーザーはどうお思いか？

シーザー　その前に知りたい、アントニーがどういう思いで今の話を聴いたか。

アントニー　そのアグリッパにどれだけの権力があるのだ、もし私が「アグリッパ、よろしく頼む」と答えたなら、後はうまく事を運んで見せると言うのか？

シーザー　シーザーの権力がある、併せてオクテイヴィアに対するその権力がある。

アントニー　私の祈りを、このめでたい申出でに、かくも輝かしい前途に、ゆめ障りの起らぬよう！　さあ、手をくれ。この和解の儀をさらに進めていただきたい。今、この時から、実の兄弟同様、固く心を合わせ、治国の大業に当ることを誓おう！

シーザー　さあ、この手を。姉をあなたに預ける、いまだかつていかなる弟もかほどに愛したことのない姉を。その命こそ、我らの版図と我らの心とを結び合せる絆だ――この友情に二度と二たび影のさすことのないように！

レピダス　幸あれかし、共に祈る！

アントニー　私はまさかポンペイと剣を交えようとは思わなかった。あの男、私には並々ならぬ礼を尽してきている。それには、とにかく謝意を表しておかねばならない、いたずらに悪評を被りたくないからな、それさえすめば、踵をめぐらさずして、ただちに攻撃だ。

レピダス　時は迫っている。こちらがすぐにもポンペイの居所を突きとめぬかぎり、向うの方で先に我々を探しあてかねない。

アントニー　奴は今どこにいる？

シーザー　ミセナ山の附近らしい。

アントニー　陸上兵力はどの位なのだ？

シーザー　大兵を擁し、しかもなお増大しつつある。それに海上は全く奴のほしいままになっているのだ。

アントニー　そういう評判だな。まず何より相談だ！　さあ、急ごう。しかし、出陣の前に、取急ぎいま話合ったことを片づけてしまいたい。

シーザー　望むところだ。まず姉をお引合せせねばならぬ、御案内しよう。

アントニー　さあ、一緒に、レピダス、是非とも御同席を。

レピダス　ありがとう、アントニー、たとえ病いを押しても参上する。（トランペットの吹奏。シーザー、アントニー、レピダス、共に退場）

メーシナス　はるばるエジプトからようこそ。

エノバーバス　シーザーの腹心、メーシナス！　わが友、アグリッパ！

アグリッパ　おお、エノバーバス！

メーシナス　万事氷解、われらも喜んでよかろう。エジプトでは元気で何よりだったな。

エノバーバス　仰せのとおり、明ければ朝寝で面目つぶれ、暮れれば狂って飲みつぶれという有様でした。

メーシナス　八頭の猪を丸焼きにして朝食に供したとか、それも十二人の客のためと聞いているが、事実か、それは？

エノバーバス　それこそ鷲の前の蠅一匹にもひとしい話に過ぎませぬ。もっと馬鹿馬鹿しい大盤ぶるまいをやらかしました、まことにもって特筆大書すべきやつを。

メーシナス　例の女人は、やはりよほどの逸物らしいな、噂に嘘がなければ。

エノバーバス　なにしろ始めてマーク・アントニーに会ったとき、たちまち男の心を抜取ってしまったらしい、それもキドノス川のほとりで。

アグリッパ　そこへ、事実、現われたらしいな。そう聞いているが、あるいはうまくこしらえた話かもしれぬ。

エノバーバス　委細をお話し申しあげましょう。まず身を横たえたる小舟は、磨きあげたる玉座さながら燃ゆるがごとく水面に浮び、艫に敷かれた甲板は金の延板、帆には紫の絹を張り、焚きこめられた香のかおりを慕って、風は気もそぞろの恋わずらい、櫂はいずれも白銀、笛の音に合わせての見事な水さばきは、立ち騒ぐ波も我遅れじと慕いまつわるかに見えました。かの女人その人はと言えば、到底言葉には尽せませぬ、垂れ布は色絹に金糸銀糸の縫取り、その陰にひっそり身を横たえた姿は、なるほど、かの絵筆の妙よく自然を超ゆる画中のヴィーナスも遠く及ぶところにあらずとでも申しましょうか。両脇に侍する童(わらべ)は頰に笑窪(えくぼ)を湛(たた)え、笑(え)めるキューピッドさながら、五色の扇をもって風を送ると、冷めた頰は二たび上気して、その薄い肌に血がのぼり、かくして上げたり下げたり。

アグリッパ　おお、さぞかし感激したことだろう、アントニーも！

エノバーバス　侍女たちときては、水の精さながら、あたかも人魚の勢揃(せいぞろ)い、その目(ま)なざしは絶えず女人に注がれ、送る会釈も趣あって科(しな)のごとく、主(あるじ)の美をいよいよ引立てる。艫(とも)には人魚に扮(ふん)した女がひとり舵(かじ)を操(あやつ)る、と、見る間に絹の帆が大きく脹(ふく)れあがり、花かと見紛(みまご)う優しい手が、そつなく綱を捌(さば)く。それにつれて、小舟からは、えもいわれぬかおりが流れて来て、近くの岸にいる者の鼻を打つ。街々は女人の上にその住民を吐き出し、アントニーは広場の演壇にただ一人残され、空に向って口笛を吹いておりましたが、その空気にしても後に真空を残して行けるものなら、同じクレオパトラを見に飛んで行き、自然界に大穴あけたに違いない。

アグリッパ　驚いたエジプト女だ！

エノバーバス　女が上陸すると、アントニーは使者を送り、女を晩餐(ばんさん)に招待しました。女の答えて曰(いわ)く、それよりはこちらでお招きしたほうが、女はそう切願しました。こちらは礼儀正しきアントニー、ことに女の言葉にいまだかつて「否」と言ったことのない人物、十度も顔を当らせて、女の馳走(ちそう)になりに出かけ、挙句(あげく)の果てに、払った料理代は己れの魂、それも口にはあらで目が食ったばかりに。

アグリッパ　大した女だ！　あの大シーザーも剣を寝床に丸腰で女の畠（はたけ）を耕したものだ、で、その畠に実が成ったという。

エノバーバス　たまたま見かけたことがあります、女王は小走りに四十歩ばかり街の中を駆けぬけざま、息弾（いきはず）ませて何か言っているのですが、動悸（どうき）が激しく、満足に言葉をなさぬその風情（ふぜい）、息を失ってかえって粋（いき）に見えました。

メーシナス　今となってはアントニーもその女を捨てなければなるまい。

エノバーバス　どうして、捨てますものか。年もその美を蝕（むしば）みえず、なじみを重ねるごとに無限の変化を見せる女です。どんな女も必ず相手を飽きさせる、が、あの女に限って、そういうことがない。満ち足りたと思うそばから手が出したくなるのです。というのも、どんな卑しいことでも、あれの場合はよく見える、聖職にある僧侶（そうりょ）さえ、あの女のふしだらだけは祝福せずにいられますまい。

メーシナス　もし器量、才智、貞淑と揃って始めてアントニーの心に和らぎが訪れるものなら、オクテイヴィアこそ、あの男には、何よりの贈り物となろう。

アグリッパ　行こう。エノバーバス、この地に滞在中はおれの家で寝起きするがいい。

エノバーバス　ありがたくお受けいたします。（一同退場）

〔第二幕　第三場〕

8

ローマ、シーザー邸

アントニーとシーザーがオクテイヴィアを中にして登場。

アントニー　危急に処すべき私の職責は大きい、あなたの胸から、あえてこの身を引離さねばならぬ時もありましょう。

オクテイヴィア　そういうときには、明け暮れ神々の前に膝まずき、ひたすら御無事を祈っておりましょう。

アントニー　では、おやすみを、シーザー。オクテイヴィア殿、世の取沙汰を鵜のみに私の傷をお信じくださらぬよう。これまでは差金なしに放埓な日を送ってきたが、これからは万事寸法どおりに始末をつける。あなたにもおやすみを。

オクテイヴィア　おやすみなさいまし。

シーザー　では、おやすみ。（姉を伴って去る）

占師が登場。

アントニー　おお、お前か。エジプトに帰りたいのだろう？
占師　絶えずそのことのみ、参らねばよかったにと、いえ、お前様とて同じこと、一刻も早う！
アントニー　解っているのか、その訳が？
占師　心では解っております、が、口では申せませぬ。ともかく急ぎエジプトに戻られたがよい。
アントニー　言ってみろ、どちらの運が強いか、シーザーかおれか？
占師　シーザーの方が。さればこそ、おお、アントニー様、あの男のそばにいつまでもお留りなさいますな。お前様の霊は、お前様の守り神のお前様の魂は、常に高邁、活気みなぎり、猛くして周囲を圧するの概がある、が、傍にシーザー在るときは、そうはゆきませぬ。その近くにあっては、お前様の守護天使に恐怖の影が宿り、始めからけおされてしまいましょう。さればこそ遠く離れているに越したことはありませぬ。
アントニー　もうよい、二度とそれを言うな。
占師　他の誰にも申しはいたしませぬ、決して何人にも。何にせよ、あの男と勝負をしてごらんになるがよい、必ずお前様の負けになります。いわば、あの自然の運に乗じて、あの男はどんな不利をも勝ちに転じてしまいます。お前様の光は暗くなる、あの男がそばに来て光りはじめますとな。よろしいか、もう一度、お前様の魂はあの男の傍では恐れおののき、ようお前様を守りきれませぬ、が、離れておりさえすれば、それは秀れて高邁な魂なのだ。
アントニー　よい、行け。ヴェンティディアスに話があるからと伝えてくれ。あれをパルティアへ遣るのだ。(占師退場) 術か、まぐれか、奴の言うことは当っている。骰子までがあの男の心に随う、勝負事をすれば、技では上手のおれが運で必ず負ける。籤を引いても、あれの勝ちだ。闘鶏となれば、いつでもあれの鶏がおれのを負かす、それも、見す見す弱い奴がだ。鶉まで、弱いあれのが、いざ攻合いとなると、必ずおれのをやっつける。エジプトへ戻ろう。仲直りのために結婚までしたが、東にこそ、わが喜びありだ。

ヴェンティディアスが登場。

アントニー　おお、待っていた、ヴェンティディアス、パルティアに行ってもらわねばならぬ。辞令はもう出来ている、一緒に来てくれ、渡すから。(二人退場)

9　〔第二幕 第四場〕

ローマ、街なか

レピダス、メーシナス、アグリッパが登場。

レピダス　もう構わないでおいてくれ。それより、早く二人の後を。

アグリッパ　マーク・アントニーがオクテイヴィアに別れの口づけさえすませてしまえば、我々もいよいよ出発です。

レピダス　御両君の武装を拝するまで、いや、いずれもさぞ似つかわしいことだろうが、それまでは、ひとまずお別れを。

メーシナス　たぶん、いや、行軍のことですが、目的地の山に着くのは我々の方が先でしょう、レピダス。

レピダス　そちらの方が近道だ、作戦上、こちらは大分迂廻しなければならぬ、二日は遅れるだろう。

メーシナス　御成功を！

アグリッパ　御成功を！

レピダス　元気でな。（一同退場）

〔第二幕　第五場〕

アレクサンドリア、クレオパトラの宮殿

クレオパトラ、カーミアン、アイアラス、アレクサスが登場。

クレオパトラ　何か音楽を、音楽は恋に明け暮れする者には、日々の悲しき糧だもの。

一同　音楽を！

宦官のマーディアンが登場。

クレオパトラ　やめておくれ、球突きをしよう、さ、カーミアン。

カーミアン　実は腕を痛めております、マーディアンとなさいましては。

クレオパトラ　そうだね、女にとっては、宦官とするのも女とするのも同じこと。お前、私につきあっておくれかい？

マーディアン　はい、出来ます限り。

クレオパトラ　そう、心さえ籠っていれば、たとえ足りなくても、見のがしてもらえるのが役者というもの。でも、もうしたくなくなった、それより、釣竿を持って来ておくれ、川へ行って見よう。そこで、遠くから楽の音を聴かせながら、鰭の黒い魚をだまして釣りあげてやろう。曲った針の先に、あのぬめぬめした顋を引掛けて、それを釣りあげるたびに、その一匹一匹がアントニーだと思うことにして、こう言ってやる、「あ、はあ！　摑まえた」

カーミアン　あの時は面白うございました、どちらが沢山お釣りになるか、お二人で賭けをなさって、女王様のお傭いになった海士があのお方の針に干物を引掛けておきましたのを、あのお方ときたら、それを夢中になって引張りあげて、そんなことがございました。

クレオパトラ　あの時――ああ、色んな時が！――あの時、私は笑って笑ってあの方を怒らせて、そうして、あの夜、私は笑って笑ってあの方の御機嫌を取戻して、次の朝、まだ九時にもならないうちに、私はあの方を酔わせて寝かせつけてしまった、それから私は自分の被衣や打掛をあの方の上にかぶせておいて、あの方の愛刀フィリパンをこの腰にさげてみた。

使者登場。

クレオパトラ　ああ、イタリーから！　その捥ぎたての知らせを早くこの耳に、久しく乾き飢えていたのだもの。

使者　女王様、女王様に――

クレオパトラ　アントーニオがお亡くなりに！　そんな知らせが聞かせたいのなら、ええ、憎い奴、お前はこの主人を殺そう気なのだ。それとも何のお障りもなく、お心のままにお過しか、もしそうときっぱりお言いなら、黄金をやる、その上、それ、この一番青く透けてみえる血の管に、口づけさせてあげよう、幾多の王の唇が、わななきながら口づけをしたこの手に。

使者　ともあれ、アントニー様には何のお障りもございませぬ。

クレオパトラ　それなら、黄金をもっと取らせよう。でも、お黙り、死人も、そうだ、死んでしまえば、何の障りも起きるわけがない。もしそのつもりなら、お前にやった黄金を溶かして、忌わしい言葉を吐くその咽喉に流しこんでやろう。

使者　女王様、どうぞお聴き願わしゅう存じます。

クレオパトラ　さあ、さあ、聴きましょう。でも、不吉な色がその顔に。もしアントニーが日々を達者でお心のままにお過しならば——そんな苦い顔で、どうしてそのようなめでたい知らせを持って来よう！　それにしても、何かあったなら、復讐の女神さながら振乱した髪の一筋一筋が蛇と化し、形相すさまじく駆けこんで来よう、そのように世の常の姿をしているわけがない。

使者　何とぞお耳をお貸しくださいますよう。

クレオパトラ　それよりお前を打ってやりたい、お前の話を聴くくらいなら。それとも、アントニーは生きている、何のお障りもない、シーザーとの折合いもよく、俘虜の辱めにも遭うていないと、そうお言いなら、お前の頭上に黄金の雨を降らせ、大粒の真珠の霰を撒き散らしてあげよう。

使者　確かにお障りなくお過しにございます。

クレオパトラ　よう言うてくれました。

使者　またシーザー殿との折合いもよくいっておいででございます。

クレオパトラ　お前は正直な男らしい。

使者　お二方の間柄は以前に倍する格別のおよしみ。

クレオパトラ　お前の望みとあれば、何でもかなえてあげよう。

使者　しかしながら、女王様——

クレオパトラ　私は嫌い、その「しかしながら」が、それ一つで前に言ったことがみんな帳消しになる。忌々しい「しかしながら」め！　「しかしながら」は牢屋の番人と同じこと、後から必ず極悪人が附いてくる。さあ、お前、いいから、洗い浚いこの耳に注ぎこんでおくれ、良いことでも悪いことでも構いはしないから。あのお方はシーザーとの折合いもよく、至極御達者だと、そうお前は言った、それから、お前は言った、お心のまま、いつでもここへと。

使者　お心のまま、いつでもと、女王様！　いいえ、そう申しあげた覚えはございませぬ、オクテイヴィア様への御気兼ねもございましょうし。

クレオパトラ　そうして何か御利益があるとでも？

使者　まずはこの上なしの御利益に、夜ごと酔い痴れておいでのことと。

クレオパトラ　息がつまりそう、カーミアン。

使者　女王様、アントニー様にはオクテイヴィア様と御婚儀をお挙げになりました。

クレオパトラ　疫病に取りつかれるがいい！　（使者を打つ）

使者　女王様、お気を鎮められますよう。

クレオパトラ　え、何と？　（二たび打つ）行っておしまい、悪党め！　ぐずぐずしていると、その眼球をまりのように蹴とばしてやる、髪の毛を引毟ってやる、（使者を引きずり廻しながら）針金の鞭で打ちのめし、その肌を塩水で煮くたらして、生きながら地獄の苦しみに漬らしてやろう。

使者　どうぞお慈悲を。私はただお知らせの役を承りましただけのこと、お二人の仲をお取持ちしたわけではございませぬ。

クレオパトラ　今のは嘘だとお言い、そうしたら、領地を遣ろう、よい身分に引立ててやろう。痛い目に合わせた代りに、私を怒らせた罪は帳消しにしてあげる、それどころか、何でもよい、身の程を弁えた望みなら、必ず叶えてあげよう。

使者　御結婚の話は嘘ではございませぬ、女王様。

クレオパトラ　憎い奴、生かしてはおかぬ。（短剣を引抜く）

使者　お待ちを、一まず退らせていただきます。一体どういうおつもりでございます、女王様？私の全く与り知らぬこと。（逃げ去る）

カーミアン　女王様、お気を確かにおもちあそばしますよう。あの男に罪はございませぬ。

クレオパトラ　罪なき者にも雷は打ちかかるではないか。エジプト中がナイルの河に溶け去るがよい！　そうして、どんな優しい生き物も蛇身に変じてしまうがよい！　彼奴をもう一度ここへ。狂うてはおっても、嚙みつきはせぬ。あれをお呼び！

カーミアン　恐れて、よう参りますまい。

クレオパトラ　決して手は出しませぬ。（カーミアン去る）この手はおのれの身分を裏切ってしもうた、目下の賤しい者を打ったりして、本をただせば、罪はこの身にあるものを。

カーミアンが使者を伴って戻って来る。

クレオパトラ　ここへお出で。正直かもしれないけれど、悪い知らせを持って来るのは、やはり良くないことだよ。喜ばしい伝言なら、いくらでも長口上を並べるがよい、でも、厭なことはおのずと知れるようにしておいたほうがよいのだから。

使者　もう何も申しあげることはございませぬ。

クレオパトラ　結婚をなさったというのは本当のことかい？　もうこれ以上お前を憎うは思いませぬ、たとえもう一度「本当」だと言われても。

使者　は、本当の話にございます、女王様。

クレオパトラ　罰当りめが！　あくまでそのようなことが言い張りたいのか？

使者　では、嘘を語れと、女王様？

クレオパトラ　おお、そうしてくれたら、そのために私のエジプトの半ばが海の底に沈み、全身鱗(うろこ)で蔽(おお)われた蛇どもの棲家(すみか)となろうと、何の悔いがあろうか！　行け、見とうない。たとえその顔がナルシスのように美しかろうと、私の目には世にも醜いものと映じよう。結婚なさったというのは本当なのだね？

使者　その儀はお許しいただきとう存じます。

クレオパトラ　結婚なさったというのは本当なのだね？

使者　お怒りになりませぬよう、そのお怒りを恐れればこそ、お答えも致しかねるのでございます。お答えをお強(し)いになりながら、そのことゆえに罰をお下しになるとは、いかがかと思われます。確かにアントニー様にはオクテイヴィア様と御婚儀をお挙げになりました。

クレオパトラ　おお、そのアントニーの罪の祟(たた)りと思うがよい、こうしてお前が罰を受けるのも、その罪を嘘と言い消すことが出来ないからだ！　見とうない。お前がローマで仕込んできた品物はあまり値がさで私の手に負えない、お前の背負いこみにして、どこへでも払下げにするがよい！　（使者逃げ去る）

カーミアン　女王様、お鎮まりを。

クレオパトラ　私はアントニーを褒めようとし、シーザーの悪口を言ったことがある。

カーミアン　はい、度々そのようなお話を。

クレオパトラ　その報いが今来たのだ。あちらへ連れて行っておくれ。気が遠くなりそう、ああ、アイアラス、カーミアン。いいえ、大丈夫。あの男の所へ行って来ておくれ、アレクサス。そうしてオクテイヴィアがどんな顔をしているか訊いてくるのだよ。年は幾つで、どんな気質か、それから忘れずに髪の色のことも。さあ、すぐ返事を聞かせておくれ。（アレクサス退場）去る者を追うことはない！　でも、追わなければ――カーミアン――あの方が悪鬼ゴルゴンのように見えてくることがある、でも、そうでないときは軍神マルスさながらに見えるのだもの。（マーディアンに）アレクサスに言っておくれ、その女の脊丈はどの位か訊き出して来るようにと。私を憐んでおくれ、カーミアン、でも、何も言わないで。居間に連れて行って。（一同退場）

11

〔第二幕　第六場〕

ミセナ山近傍
遠くに海がある。
トランペットの吹奏。続いて一方からポンペイ、メーナスが太鼓、トランペットの音と共に登場。反対側からシーザー、アントニー、レピダス、エノバーバス、メーシナス、アグリッパが部下の将士を伴って登場。

ポンペイ　そちらの人質はお預かりした、私の方でもお預けしてある。この上は、とにかく談判だ、戦はそれから後でよい。

シーザー　それに越したことはない、まず話合いだ。そう思えばこそ、こちらの条件は書中あらかじめ申送ってあるはず、その点、いずれ検討済みのことと思うが、それならここで答えてもらいたい、当方の申出を容れ、その不平の剣を鞘に収め、屈強の若者どもをシシリーに伴い帰る気になったかどうか、さなくば彼らをしてこの地にあたら屍の山と化せしむるだけの話、それを承知か。

ポンペイ　御三方に申しあげたい、この広い天下を専ら掌握し、神々に代って祀事を司る執政のあなた方に伺いたい、なぜ父だけが己れの仇を討ってはもらえぬのか、父には子もあり友もあるではないか、それ、かのジュリアス・シーザーもフィリッピの野では亡霊となってブルータスを驚かし、己れのために戦ってくれるあなた方を目の当り見ていたではないか。一体何があの生白いキャシアスを陰謀に駆りたてたのか、衆望を担っていた誠実なローマ人ブルータスをして、自由を憧れる同志の面々と共に議事堂を血塗らしめたのは何か、それもつまりは人を人として遇したいという、ただそれだけのことではなかったか？　まさにそれだ、自分も同じ思いに駆られ、今こうして海に兵を進め、猛り狂って舳にしぶく怒濤と共に、かの憎むべきローマ市民の父に対する忘恩を一挙に打砕いてしまいたいのだ。

シーザー　思う存分言ってみるがよい。

アントニー　嚇してもむだだ、ポンペイ、帆の数が何になる。話は海でつけよう。陸では、知ってのとおり、われらの方が遙か優勢だからな。

ポンペイ　陸ではなるほど貴様にしてやられた、父の邸をな。郭公鳥は自分で巣を作らぬという、その伝でいつまでもそこに収まっているがよい。

レピダス　それよりもまず伺いたい――そんなことは本筋と関係がないからな――そちらとしては当方の申出をどうお考えなのか。

シーザー　肝腎なのはそれだ。

アントニー　無理に頼んでいるわけではない、ただよく考えてくれればよいのだ、それを受入れた場合、どれだけの得があるかをな。

シーザー　それともう一つ、それ以上を望んで賭けるとなれば、どういう結果になるか、その点もな。

ポンペイ　そちらとしてはシシリーとサルディニアをよこすと言う。それに対して、こちらは海賊どもを全部解散させなければならない。なお小麦相当量をローマに送ること。以上、同意とあれば、たがいの剣に刃こぼれ一つ見せず別れ、疵つかずの楯を故国に持ち帰ろうという。
シーザー　それが当方の申出だ。
アントニー　それが当方の申出だ。
レピダス　それが当方の申出だ。
ポンペイ　では、言おう、こうしてここへ来たのも、実はその申出を受入れる腹積りあればこそ、それがマーク・アントニーの出方で、どうにも我慢が出来なくなったのだ。己れの口からは申しにくいが、これだけは知っておいてもらいたい、シーザーとあなたの弟御とが争っておられるとき、お母上はシシリーに逃げておいでになった、そのとき当方では大いに御款待申しあげたはずだ。
アントニー　そのことは伺っている、ポンペイ、その恩義に対しては、かねがね心から御礼を申し述べたいと思っていたのだ。
ポンペイ　お手をいただきましょう。この地でお目にかかれようとは思っていなかった。
アントニー　東方の寝床はやわらかいからな。その点、礼を言わねばならぬ、あなたに起されて、思ったより早く出て来られた、それだけの御利益はあったからな。
シーザー　この前会った時とは変ったな。
ポンペイ　いや、知らぬ間に、運命の女神の情け容赦もない書きこみがこの顔の帳簿に残されていると見える、が、女神も胸の中にまで入りこんで、この心を領することは出来ますまい。

レピダス　ここで会えて何よりだった。

ポンペイ　おっしゃるとおりだ、レピダス。ともかくこれで話は決った。なお当方としては、相互間の取極めを文書の形にして、調印を交しておきたいのだが。

シーザー　手続きとして当然のことだ。

ポンペイ　たがいに宴を張って相手をもてなし、気もちよく別れることにしたい、籤で先後を決めようではないか。

アントニー　先におれにやらせてもらおう、ポンペイ。

ポンペイ　いや、アントニー、とにかく籤を引いていただこう。が、いずれにせよ、あなたのお見事なエジプト料理こそ宴の花と決っている。話によると、ジュリアス・シーザーも――かの地の馳走攻めで肥えたとか。

アントニー　その話とやらを大分仕入れておいでのようだな。

ポンペイ　いや、申しあげたことに裏は無い。

アントニー　なるほど、表向きだけは裏はない。

ポンペイ　話はまだ色々ある、こんな話も聞いた、アポロドーラスという男が――

エノバーバス　(傍白) いい加減で止めにしろ、本当は本当だが。

ポンペイ　え、何か？

エノバーバス　(傍白) そいつ、どこかの女王様を敷物にくるんで、シーザーのところへお届け申しあげたとさ。

ポンペイ　思いだしたぞ、どうだ元気か、豪傑？

エノバーバス　どうやらこうやら、いや、どうしてこうして結構な御身分でして、一寸見積ったところでも、現に御馳走が四つばかり転がりこんで来そうですな。

ポンペイ　さあ、握手だ。今日まできみに悪意をもったことはない。奮戦ぶりを拝見して、ひそかに敬意を懐いていたくらいだ。

エノバーバス　そう、おっしゃられても、こちらは別に心をお寄せしていたわけではない。ただ褒めたことはある、その時はなかなか見事なお手並みだったので、その十分の一ほどの讃辞を呈しておきました。

ポンペイ　その率直をほしいままに発揮するがよい。何よりきみには似合う。さあ、船に御一同をお迎えしよう。お先に、皆さんから。

シーザー　御案内いただきたい。

アントニー　御案内いただきたい。

レピダス　御案内いただきたい。

ポンペイ　さあ、こちらへ。（一同を海の方へ導き去る。メーナスとエノバーバスだけが遅れて残る）

メーナス　（呟くように）親父のポンペイだったら、こんな取極めを交しはしまい。（エノバーバスに）お目にかかったことがありますな。

エノバーバス　海で、でしたかな。
メーナス　さよう、確かに。
エノバーバス　海ではなかなか見事なお働きだったな。
メーナス　あなたも、陸では。
エノバーバス　わが輩の流儀で、褒めてくれる者はどなたでも褒めてさしあげることにしている、いや、事実、陸では大いに暴れたと公言してもよかろう。
メーナス　御同様、当方も公言できる、海では大いに暴れました。
エノバーバス　いや、そいつは公言しないほうがお為だろう、大掛りな海賊行為を働いたというからな。
メーナス　これも御同様、そちらは山賊。
エノバーバス　その点、こちらはとんと実績なしだ。まあ、よい、手をくれ、メーナス。二人が役人だったら、さしずめ御用と来ずにいられないところだな、こうして盗人同士仲好く抱き合っているのを見ては。
メーナス　人間、顔つきだけはみんなもっともらしい、手の方で何をやろうとお構いなし。
エノバーバス　だが、美人となると、顔の方まで当てにならない。
メーナス　悪口は禁物、あの連中は男の心を盗むのが商売ですな。
エノバーバス　おれたちは戦うつもりでやって来たのだ。

メーナス　私の方としても、戦が酒盛に化けてしまったので、がっかりしました。ポンペイは今日ここで自分の一生を笑い飛ばしてしまおうというわけです。
エノバーバス　一度笑い飛ばした一生は、後で泣いて見せても取返しはつかぬ。
メーナス　おっしゃるとおりだ。それにしても、マーク・アントニーがここまで出て来るとは思っていなかった、あの方はクレオパトラと結婚しておいでなのか？
エノバーバス　シーザーの姉はその名をオクテイヴィアと呼ぶ。
メーナス　さよう、ケイアス・マーセラスの奥方だった。
エノバーバス　だが、今はマーカス・アントーニアスの奥方だ。
メーナス　え、何ですと？
エノバーバス　本当の話さ。
メーナス　では、シーザーとは生涯切っても切れぬ間柄ということになる。
エノバーバス　もしこの縁結びの先行きを占えと言われたら、そうは申しかねる。
メーナス　どう考えても、政略の方がこの結婚の目的で、当事者の愛情は二の次ですな。
エノバーバス　おれもそう思う。が、やがてはっきりするだろう、今は両者の友情を綯い合せるかに見える縄が、やがてはたがいに相手の首を締め合う道具にもなろう。オクテイヴィアは清らかで冷たく、口数の少ない女だ。
メーナス　そういう女は誰しも女房にほしいところでしょうが？

エノバーバス　こちらがそういう男でない限り、そうとは限らぬ、その限らぬのがマーク・アントニーさ。あの男は、すぐにもまたエジプト女のところへ舞戻って行く、後はオクテイヴィアの溜息だ、それに煽られてシーザーの胸の焔が燃えあがる、そうなれば、今言ったように、抱き合う力がそのまま両者反撥の動因に転ずるに決っている。アントニーという男は情の趣くところに情を動かすのみ、結婚といっても、今度のは便宜という花嫁を貰っただけさ。

メーナス　まあ、そんなところでしょう。では、船へお越しいただきましょうか？　御健康を祝して一杯さしあげたい。

エノバーバス　喜んでお受けしよう。咽喉の方はエジプトで十分鍛えてある。

メーナス　さあ、参りましょう。（二人、一同の後を追って退場）

〔第二幕　第七場〕

12

ミセナ沖に浮ぶポンペイのガリー船甲板

音楽を奏している。

二、三人の召使が食後の摘み物を持って登場。

第一の召使　みんなすぐここへやって来るぜ。もう脚の根っこの緩んでいるのが大分いたっけ、あれでは、どんなそよ風にでも、たちまち吹きたおされてしまう。

第二の召使　レピダスは正に唐紅だったな。

第一の召使　みんなで寄ってたかって献酬の助太刀役に追いこんだのさ。

第二の召使　おたがいに持前の我を張って角突合いが始まると、あの人はその度に「いい加減に止めにしろ」とどなる。おかげで喧嘩は納まり、同時に、酒はあの人の胃の腑に納まるという仕掛けだ。

第一の召使　そうして納まったはいいが、あの人の中では自分と分別との間に、もっとどえらい戦いが起るのだ。

第二の召使　そこだ、身の程知らずに大物の仲間入りなどするからだ。おれなら、むしろ葦一本に縋って生きてゆくよ、頼りにはならないが、操れもしない大槍を当てにするよりは、まだましさ。

第一の召使　天空の真只中に引張り出されてみたところで、その中で光っているのがはっきり見えないことには、眼の玉くりぬかれた髑髏よろしく、どうにも不様で見てはいられないよ。

トランペットの吹奏。シーザー、アントニー、ポンペイ、レピダス、アグリッパ、メーシナス、エノバーバス、メーナス、および他の隊長たちが登場。ポンペイがレピダスを介添している。

アントニー　（シーザーに）向うではこうやっている、まずナイルの水嵩を目盛の刻んである三稜柱で知る、それが高いか、低いか、普通かで、来る年が飢饉か豊作かを予知しうるのだ。ナイルが高く脹れあがればあがるほど、実りが期待される。その水が退くのを待って、どろどろの粘土の上に種蒔きが行われ、それが見る間に実って穫入れが始まるというわけさ。

レピダス　確かあそこには珍しい蛇がいたな？

アントニー　いるぞ、レピダス。

レピダス　そのエジプトの蛇だが、あそこに特有の泥で育つのだ。それにあそこの日光も効いているな、そう言えば、あそこの鰐もそうだ。

アントニー　みな同じことだ。

ポンペイ　お坐りなさい――そうして酒だ！　レピダスの健康を！

レピダス　まあ、どうやら保っているらしい、が、まだおさらばはしないぞ。

エノバーバス　さよう、お眠りになるまでは。ただ心配なのは、それまで居続けの酒びたり。

レピダス　いや、確かに聞いて知っている、そのトレミー家の三稜柱というのはなかなか立派なものらしい、あえて反対する必要はない。

メーナス　（小声で）ポンペイ、一言。

ポンペイ　（小声で）耳もとで言え、何の話だ？

メーナス　（耳打ちして）席をはずして下さい、お願いです、ぜひ聞いていただきたいことが。

ポンペイ　（小声で）待っていてくれ、すぐ行く――（大声で）この杯をレピダスに捧げる！

レピダス　あそこの鰐は一体どんな恰好をしているのだね？

アントニー　それは、いわばそれの形をしていますな、幅はまさにその幅くらいあって、丈もぴったりその丈だけあるし、動くときは自分で動き、食う物は養分で、細胞は一たび解体すると、この世を離脱する習性がある。

レピダス　で、色は？

アントニー　色までそいつの色なのだ。

レピダス　珍しい蛇だな。

アントニー　全くだ、それに、そいつの涙は湿っている。

シーザー　その説明で満足できたのかな？

アントニー　ポンペイの祝杯がおまけについているからな、それで満足できぬようでは、贅沢が過ぎるというものさ。

ポンペイ　（二たびメーナスの耳打ちを聞き）何を言う、何を！　おれに向ってそんなことを？　行け！　行けと言うのに。（大声で）杯をどこに置いたのだ、持って来いと言ったろう？

メーナス　（小声で）今日まで役に立ってきた男の話を聴いてやろうという気がおありなら、とにかくこの場をはずして下さい。

ポンペイ　（小声で）気でも狂ったのか。用とは何だ？　（立って傍へ行く）

メーナス　（小声で）あなたの運勢の前には、いつも頭を下げてきた私です。

ポンペイ　本当によく尽してくれた。だから、どうだと言うのだ？（大声で）大いに楽しんでくれ、みんな。（召使がレピダスの杯を満たす）

アントニー　それ、流沙だ、レピダス、早く逃げないと呑みこまれてしまうぞ。

メーナス　（小声で）あなたには、全世界の主になろうというお気はないのか？

ポンペイ　（小声で）何の話だ？

メーナス　（小声で）全世界の主になろうというお気はないのか？　これで二度目です。

ポンペイ　（小声で）どうしたら、そうなれる？

メーナス　（小声で）その望みを起すこと、それだけでよろしい、あなたの目には能無しとも見えましょうが、後は私にお任せ下さい、見事、全世界を手に入れてみせます。

ポンペイ　（小声で）大分酔っているな？

メーナス　（小声で）何を言う、ポンペイ、杯には手も触れていない。あなたは、その気になりさえすれば、この下界のジュピターになる人物なのだ、大海原の果て、天空の窮み、どこからどこまで皆あなたのものなのです、みずからそれを求めさえすれば。

ポンペイ　（小声で）言ってみろ、どうしろというのだ。

メーナス　（小声で）それ、全世界を三分する共同経営者たちが、こうして揃ってあなたの船に乗込んでいる、私に錨綱を切らせてくれればよい、そうして沖に出たところで、奴らの咽喉元を襲うのです、後は何も彼もあなたのものだ。

ポンペイ　ああ、それを、貴様、なぜ黙ってやってのけなかったのか！　おれの立場では、そいつは陰謀というものだ、それが貴様なら忠義になる。よく覚えておけ、おれにとっては利益よりも名誉が大事なのだ、名誉がな。もう取返しはつかぬ、貴様の舌が貴様の行いを裏切ったのだぞ、知らされずにいれば、後でよくやってくれたと思いもしたろう、が、それも今は卻けねばならぬ。忘れろ、さあ、飲め。

メーナス　（独白）そうと決ったら、これ以上、衰えかかった貴様の運勢の附合いは御免蒙る。ほしいくせに、いざ遣ると言われて手を引込めるような男では、二度と機会は摑めない。

ポンペイ　（皆の所へ戻って来て）レピダスの健康のために！

アントニー　この男を陸まで担いで行け。その杯は私が代ってお受けしよう、ポンペイ。

エノバーバス　おい、君のためにも、メーナス！

メーナス　エノバーバス、待っていた！

ポンペイ　杯が溢れるまで注ぐのだぞ。

エノバーバス　とんだ力持ちがいるものだな、メーナス。（レピダスを担ぎ去る侍者を指差す）

メーナス　どうして？

エノバーバス　あの野郎、世界の三分の一を一人で運んでいる、それ、あれが見えないのか？

メーナス　その三分の一が、つまり、酔払っているということさ。こうなれば、いっそ全部酔払ってしまったほうが、万事めでたく運ぶというものさ！

エノバーバス　まあ、飲め、めでためでたの酔心地とゆけ。
メーナス　よし来た。
ポンペイ　これではまだアレクサンドリア式の盛宴には及ばないな。
アントニー　そろそろそうなりかけてきた。おい、樽を開けろ！　この杯をシーザーに！
シーザー　酒は止めたいと思っているのだが。第一、筋が通らない、わざわざ脳みそを酒に浸して濁らせるというのは。
アントニー　人の子は時に仕えよ、だ。
シーザー　時をして吾に仕えしめよ、むしろそう答えよう。いずれにせよ精進の方がまだましだ、それが四日続いても、こうして一晩飲み明かすよりは気がきいている。
エノバーバス　（アントニーに）これ、皇帝殿！　皆でエジプトの酒の神の踊をやって、吾らが酒宴を大いに祝福しようではありませんか？
ポンペイ　頼む、豪傑。
アントニー　さあ、皆、手を取るのだ、踊っているうちに、じわじわ酒が廻ってきて、身も心もうっとり、レーテの忘れ川に漬かったようになる。
エノバーバス　皆、手を取れ。耳に音楽の集中砲撃を開始しろ。その間に、おれが皆の位置を決める。その後で子供に歌ってもらう。折返しは皆でつけるのだ、その頑丈な脇腹がよじれるほど大声でどなってくれ。（音楽が始まり、エノバーバスが一同の位置を定め、手をつながせる）

歌

それ 行け 葡萄の大王様よ
太っちょバッカス しょぼしょぼ眼!
お前のおなかに 厭なことうずめ
成った葡萄は わが髪飾り
ぐいぐい飲め飲め 目を廻せ
ぐいぐい飲め飲め 目を廻せ!

(一同帆柱の周囲を踊り廻りながら、折返しをどなり散らす)

シーザー まだ気が済まないのか? ポンペイ、もう失礼する。さあ、よい加減にして引揚げようではないか。後に大事を控えている身に、この浮かれ様は見苦しい。さあ、皆、引揚げよう。御覧のとおり、誰も彼も頬を火照らしている。豪傑エノバーバスも酒には勝てない、それに私まで舌がもつれて、思うように口もきけぬ態たらくだ。乱酔して、果ては己れを失い、馬鹿踊りにうつつをぬかす。これ以上、何を言うことがあろう。おやすみ。さあ、アントニー、手を。

ポンペイ 陸でもう一勝負しよう。

アントニー よし、やろう、さあ、手をくれ。

ポンペイ ああ、アントニー、父の家を――いや、どうでもよい、仲直りを済ませたのだからな。さ、そこから小舟に降りてくれ。(一同、小舟に乗移る)

エノバーバス　（後を見送りながら）落ちぬように御用心。（メーナスと二人だけになり）メーナス、おれは船を降りぬぞ。

メーナス　もちろんだ、おれの船室へ来てくれ。（黙っている楽師たちに目をとめ）それ、太鼓だ！　喇叭だ、笛だ！　おい、どうした！　海の神ネプチューンの耳に聴かせてやってくれ、おれたちがあのお偉方どもに最後の別れを告げるところをな。鳴らせ、どうしたのだ、鳴らせというのに！　（楽師たちが音楽を始める）

エノバーバス　（大声に叫ぶ）おおい！　だとさ。それ、帽子だ。（自分の帽子を宙に投げる）

メーナス　おおい！　さあ、こちらだ。（二人、船室に降りて行く）

〔第三幕　第一場〕

13

シリアの曠野

ヴェンティディアスが兵士たちにパルティア王オローディーズの子パコラスの屍を担がせ、その後から得意の面持にて登場。シリアス、その他のローマ将兵が続く。

ヴェンティディアス　投箭の名手パルティア人め、今度は貴様の負けだ、今度こそ運命神も機嫌を直し、このおれにマーカス・クラッサスの仇を討たせてくれた。さあ、パルティアの王子の屍を先頭に引揚げだ。オローディーズ、貴様の息子パコラスはマーカス・クラッサスの償いをしたのだぞ。

シリアス　ヴェンティディアス、その腰の剣がパルティア人の血のぬくもりを失わぬうちに、敗走する奴(やつ)らに追討ちをかけるに越したことはありませぬ。メディア、メソポタミアと席巻し、天(あめ)が下(した)、奴らの落ちゆく先々、その身を寄せる廂(ひさし)を打壊(うちこわ)してしまうのです。総大将のアントニーも、そうなれば、あなたを凱旋(がいせん)の戦車に乗せ、その頭に花の冠を飾りましょう。

ヴェンティディアス　おお、シリアス、シリアス、これだけやれば十分だ。下に立つ者はな、よく心得ておけ、あまり大功を立てぬことだ。それは、解るか、シリアス、下手(へた)に手を出さぬほうがよいという意味だ、肝腎(かんじん)のお仕え申す相手が傍にいないとき、なまじ大手柄を立てたりするよりはな。今日まで、シーザーもアントニーも、勝利はみずから陣頭に立つよりは、多く部下の手によって得てきたものだ。ソシアスを見ろ、シリアではおれと同じ副将だったが、次々に功を重ね、たちまちその名を挙(あ)げはしたものの、ためにアントニーの寵(ちょう)を失った。戦場において将に優(まさ)る働きをなす者は、その将に将たることになる。功名心は武人の命、が、たとえ敗北の道を選んでも、己れの影を薄めるような勝利を採ろうとはしないものだ。おれがその気になれば、なおアントーニアスのためになしうることはある、が、その結果は相手の機嫌を損じるだけだ、御機嫌を損じれば、わが大業もまた滅ぶということになる。

シリアス　すべてを心得ておいでですな、ヴェンティディアス、それでこそ、武人もその剣も始めて物の役に立つというもの。アントニーには書面にて委細をお知らせに？

ヴェンティディアス　辞を低うして戦場の模様を述べしるし、大将の名をそのままの合言葉がいかに霊験（れいげん）あらたかに将士を励ましたかを伝えるつもりだ、その旗風の靡（なび）くところ、日頃報いること篤（あつ）き兵どもの趣くところ、さすが不敗のパルティア騎兵も、疲れ切った駄馬同然、追散らされたとな。

シリアス　アントニーは今どこにおいでです？

ヴェンティディアス　アテネに向って行軍中だ。われらもそこへ急行せねばならぬ、この重荷の許す限り急いで、一足先に着いていたい。さあ、出掛けよう、進軍！（一同前進しつつ退場）

14　〔第三幕　第二場〕

ローマ、シーザー邸の控室

アグリッパが一方の戸口から、エノバーバスが反対の戸口から登場。

アグリッパ　どうした、兄弟はもう別れを済ませたのか？

エノバーバス　ポンペイとの話はかたづいた。奴はもう帰ってしまったよ。三人は残って色々取極めをやっている。オクテイヴィアはローマを離れるのが辛（つら）いと言って泣いていた。シーザーも鬱（うっ）

み。
鬱として楽しますが、レピダスはポンペイの招宴以来、メーナスの言い草ではないが、恋患いにかかって、すっかり貧血を起してしまっている。
アグリッパ　正にレピダスだけのことはある。
エノバーバス　さすがにお人柄だ、おお、あの惚れこみよう、シーザー様々だ!
アグリッパ　いや、それよりあの打ちこみようはどうだ、マーク・アントニー様々さ!
エノバーバス　シーザー? さよう、あれこそはこの世のジュピターとも申すべき男。
アグリッパ　アントニーはどうかと? そのジュピターの神とも申すべき人物。
エノバーバス　シーザーの話をしておいでか? 大したもの! 比類なしだ!
アグリッパ　おお、アントニー! おお、汝、アラビアの不死鳥よ!
エノバーバス　シーザーを褒めたいとな、それなら、ただ「シーザー」とその名を呼ぶがよい、それ以上、何も言うことはない。
アグリッパ　実際、あの二人には最上級の讃辞を奉ったからな。
エノバーバス　しかし、シーザーに一番惚れこんでいるな。もちろん、アントニーにも惚れこんでいるさ。ふう! いかなる心、舌、数、はたまた作者、歌い手、詩人の才をもってしても、思い、語り、数え、書き、歌い、表わしえざるもの――ふう!――そはかの人のアントニーに対する敬慕の念。しかして、シーザーに対しては、御前にひれふし、ひれふし、感歎これ久しゅうするのみ。

アグリッパ　両方に惚れこんでいるのさ。

エノバーバス　甲虫なら、二人はあの男の翅、そしてあの男の方は二人の胴体。（奥でトランペットの音）それ、来た！　これでいよいよ馬に乗れそうだぞ。では、これで、アグリッパ。

アグリッパ　幸いを祈るぞ、元気でな。

シーザー、アントニー、レピダス、オクテイヴィア登場。

アントニー　もうここで結構だ。

シーザー　おれが一番大切にしていたものを奪って行くのだ、この身同様、よろしく頼む。姉上、どうぞ人の妻たる者の鑑となっていただきたい、かねがねそういうお人柄と信じてもおりました し、その点、この身がどこまでも証人に立ちましょう。アントニー、大丈夫だろうな、いわば淑徳の化身とも称すべきこの女人をわれらの友情の固めとして仲に置き、たがいの交わりを深めようとしながら、反ってその城砦を打砕く鉄槌と化せしめるなよ。そうではないか、むしろそういう仲立ち無しに友情を求めるにしくはあるまい、もし両者がたがいにそれだけの誠意をもっていないとすればな。

アントニー　あまり疑うと腹を立てるぞ。

シーザー　もう言うことはない。

アントニー　やがて解ってもらえよう、どうやらその辺のことをはっきりさせておきたいらしいが、御懸念の点は何のいわれもない。では、神々の御加護を祈る、ローマ人全体の心をしてシーザーの欲するところに仕えしめ給わんことを！　ここでお別れしよう。

シーザー　御機嫌よう、姉上、くれぐれもお大事に。旅の風もその身に心して吹き、お心を慰めて差上げるよう！　どうぞお大事に。

オクテイヴィア　オクテイヴィアス！

アントニー　雨の四月が目蓋に宿る、愛の泉か、時ならぬ驟雨がそれを呼び醒す。さあ、元気を出して。

オクテイヴィア　夫の邸の世話をお頼みします、それから――

シーザー　何か、オクテイヴィア？

オクテイヴィア　耳を貸して。

アントニー　舌が心に随わぬのか、それとも心が舌に思いを伝ええぬのか――白鳥の柔毛のように、潮の満ち切った水面に浮んで、どちらにも靡きかねている。

エノバーバス　（アグリッパに小声で）シーザーは泣き出すのではないか？

アグリッパ　（小声で）顔に雲が懸ってきたな。

エノバーバス　眉間の斑は馬なら禁物、馬でなくてよかった、もっとも、人間にしてもまずいな。

アグリッパ　おい、エノバーバス、アントニーも、ジュリアス・シーザーの屍を見たとき、声を挙げて泣き喚いたものだ。また後にフィリッピでもブルータスの遺骸を見て泣いたな。

エノバーバス　あの年のアントニーときては、涙の催しどおしだった。自分で勝手にやっつけておいて、後で歎き悲しんで、実は、おれまでお蔭で貰い泣きをしたよ。

シーザー　いやオクテイヴィア、きっと便りは欠かさぬ、時がいかに足早であろうと、姉上の幻を追い求める私の心を追越すことは出来ませぬ。

アントニー　さあ、もうよかろう。愛情の力較べなら、いつでもシーザーのお相手をしよう。それ、こうして組んで（両人抱合う）今度は放して、後は神々の御手にお任せしよう。

シーザー　では、仕合せを祈る！

レピダス　満天の星が勢揃いして、めでたい門出を照らし出すように！

シーザー　御機嫌よう、お大事に！（オクテイヴィアに口づけする）

アントニー　御機嫌よう！（トランペットの音と共に、一同退場）

〔第三幕　第三場〕

15

アレクサンドリア、クレオパトラの宮殿

クレオパトラ、カーミアン、アイアラス、アレクサスが登場。

クレオパトラ　あの男はどこにいる？

アレクサス どうやら御前に出るのを恐れ躊うておりますようにも。

クレオパトラ お黙り。愚かなことを。

使者、前と同じ姿にて登場。

クレオパトラ ここへお出で。

アレクサス 女王様、ユダヤの暴君ヘロデさえ、ようお顔を仰ぎ見られますまい、御機嫌を直してくださらねば。

クレオパトラ そのヘロデ王の首がほしい、今の私は。でも、どうしたらそれが出来よう、もうアントニーはいない、あの人の力があればこそ、人にも命を下せた私だもの? さあ、もっと近くに。

使者 お妃様――

クレオパトラ お前、オクテイヴィアを見たことがおありだろう?

使者 は、ございます。

クレオパトラ どこで?

使者 は、ローマでお顔を拝したことがございます、両側を弟御様とマーク・アントニー様とに守られるようにして歩いておいでになりました。

クレオパトラ 脊は私くらいおありかい?

使者　それほどは。

クレオパトラ　物を言うのをお聞きだろう、甲高い声か、それとも低い方か？

使者　は、お聞きいたしました、むしろ低めのお声と存じます。

クレオパトラ　それなら、何もそう気にしなくともよい、御寵愛もあまり長続きはしないね。

カーミアン　御寵愛！　まあ、とんでもない！　そのようなことのあろうはずがございません。

クレオパトラ　私もそう思うよ、カーミアン、声に情が籠らなくて、おまけに寸詰りというのでは。どうだろう、歩き方にどこか威があるとでもいうような？　お前にも解るはずだよ、これまでに威というものを見たことがおありなら。

使者　這うようにお歩きになります。御姿勢を崩さず、静動一如の感がいたします。命なき物体、息なき塑像とさえ見えましょう。

クレオパトラ　それは本当の話だろうね？

使者　さもなければ、私には物を見る目がないということになります。

カーミアン　エジプト人だったら、三人寄っても、あなたほど確かに物を見ることは出来ませんものね。

クレオパトラ　この男はなかなかの利巧者だよ、私にはそれが解る。結局何の取柄もない女なのだね。この男の目は高い。

カーミアン　大したものでございます。

クレオパトラ　あの女の大よその年頃は、さあ、言って御覧。

使者　は、やもめでいらっしゃいますが――

クレオパトラ　やもめだと！　カーミアン、お聞き。

使者　たぶん三十位と存じます。

クレオパトラ　どんな顔か、心に残っておいでだろう、面長か、それとも円顔か？

使者　円顔も、いささか並はずれで。

クレオパトラ　えてして足りない女がそういう顔をしているものだよ。髪の毛は、色はどんなだい。

使者　鳶色でございます。額の低いことと申しましては、いくら望みましても、もうあれ以上は御無理と申すもの。

クレオパトラ　さあ、黄金を遣ろう。先には随分手荒なまねもしましたが、決して悪う思わぬように。返事の使いもお前に頼みましょう、お前ほど頼もしい使者があるものではない。退って、出発の用意をおし、持参の手紙は直ぐにも書けようから。（使者退場）

カーミアン　よく出来た男だこと。

クレオパトラ　本当に。私が悪かった、あのように手ひどう苛んだりして。何のことはない、どうやら今の話では、さほどの女ではないらしい。

カーミアン　ありますものか、女王様。

クレオパトラ　あの男は威というものを見たことがある、それなら、直ぐに解るはずだよ。

カーミアン　見たことがあると？　なかったら、それこそ大変、これほど長く女王様にお仕えしてきたのでございますもの！

クレオパトラ　もう一つ訊いておきたいことがあったのだけれど、カーミアン。でも、まあ、よい、あの男を連れて来ておくれ、手紙を書いているから。きっと何も彼もうまくゆくだろう。

カーミアン　そうに決っております、女王様。（一同退場）

〔第三幕　第四場〕

16

アテネ、アントニー邸の一室

アントニーとオクテイヴィアが登場。

アントニー　いや、オクテイヴィア、それだけなら、なるほど言訳は立つ、似たようなことは無数にあろうが、それはよいとしても、問題はポンペイに対して新たに戦いを挑んだことだ、それに、わざわざ遺言状をしたため、公衆に向って読んで聞かせたそうだが、文中たまたまおれの話が出てくると、それがいかにも不承不承の体、行掛り上どうしてもおれに敬意を表しておかねばならぬ場合にのみ、冷淡に厭々触れておくだけで、なるべくおれの名を出さぬように努める、その最上の切掛けが与えられても、それを捉えようとはしない、あるいは口先だけの世辞で逃げておくという遣り口だ。

オクテイヴィア　ああ、お願い、お信じにならないで、たとえお信じになっても、お怒りにならないでくださいまし。私ほど不仕合せな女は無くなる、万一、仲違いが起れば、その間に立って、いずれの側にも為よかれと祈らねばなりませぬ。神々は直ぐさま私をお嘲りになりましょう、一方で「ああ、何とぞ夫の身の上を！」と祈っておきながら、それを取消しにするように、同じ大きな声で「ああ、何とぞ弟を！」と叫びでもしようものなら。夫の勝利を、いや、弟の勝利をと、一を祈っては、その口のそばから他を打壊すばかり――両極の間に採るべき道はございませぬ。

アントニー　オクテイヴィア、その心の真実を護ろうとするかたに、それを傾けるがよい。おれが自分の名誉を失う時は、自分自身をも失うのだ。不具の身で御身のもとに留まるよりは、むしろみずから進んで去るにしくはない。しかし、そちらの望みとあれば、行って仲に立つがよい。その間に、おれの方では兵を整え、精々弟御の光を弱める策を講じておこう。さあ、一時も早く、いかようにも心のままに。

オクテイヴィア　御礼を申します。ジュピター神のお力に縋り、この無力な私にも仲裁役が勤まりますように！　二人の間に戦が始まれば、この世界に亀裂が生じ、戦死者がその割れ目を埋めることになりましょう。

アントニー　やがて御身の目に、どちらが事を起したか、はっきり解る時が来よう、その上でいず方へなりとも不満を向けたがよい、そもそもおれたち二人は同罪であろうはずがなく、それなら御身の心も二人にひとしく動こうはずもない。さあ、出立の用意を、供の者は自由に選ぶがよい、費えも気の向くままに。（二人退場）

17

〔第三幕　第五場〕

前場に同じ、別室

エノバーバスとエロスが登場。

エノバーバス　やあ、エロスか！

エロス　奇妙な知らせが届きました。

エノバーバス　というのは？

エロス　シーザーとレピダスがポンペイに戦を仕掛けたとか。

エノバーバス　昔話だ。結果はどうなった？

エロス　シーザーはその相棒をポンペイとの戦いで利用しておいて、戦が済むや否や相棒たることを認めず、行を共にした栄光に与らしめようとしない、しかも、それだけに留まらず、レピダスが前にポンペイに送った手紙を引合いに出して、その罪を弾劾しております、そうしてみずから訴え、みずから相手を逮捕してしまったのです、というわけで、かわいそうに三分の一殿、今や、囚れの身、それも死が縛めを解いてくれるまでの話ですが。
エノバーバス　となると、世界よ、貴様にはもう上下一対の顎しか無いのだ、後は手持の食い物を片端からその間に抛りこんだらよい、上と下とでたがいに擦り合いをやるだけだ。アントニーはどこにいる？
エロス　庭を歩いておいでです――こんな風に、前にある物は辺り構わず蹴とばし、「レピダスの馬鹿が！」とどなりまくる、例のポンペイを殺した部下には、締め殺してやると喚き散らして。
エノバーバス　わが艦隊はいつでも出動できるようになっている。
エロス　目ざすはイタリー、そしてシーザー。まだ話したいこともあるのですが、あなたに、直ぐ来るようにとのおことづけでした。
エノバーバス　どうせ大した用でもあるまい。私の話はまた後でもよいのです。
エロス　さあ、参りましょう。（二人退場）　が、仕方ない。アントニーの所へ案内してくれ。

〔第三幕　第六場〕

18

ローマ、シーザー邸
シーザー、アグリッパ、メーシナスが登場。

シーザー　ローマを無いがしろにするにも程がある、そのほかにもまだ色々アレクサンドリアでは怪しからんことをやっている、一例を挙げればこうだ、市場に銀の台を造らせ、その上に金の椅子を設けて、クレオパトラと共に玉座よろしく公然とそれに坐したという、しかも、その足もとにはシーザリオンを坐らせたのだ、奴らはそれを父のシーザーが生ませた子だと言っている、おまけに、そこには、馴れ染め以来、二人の欲情が生み落した私生児どもも一緒に坐っていた。そういう場所で、奴は女王のエジプト領有を確認し、さらにシリア低地帯、サイプラス、リディアの絶対主権を認めているのだ。

メーシナス　それを公衆の面前で？

シーザー　公共の競技場で、いつも競技をやる場所でだ。そういう所で、自分の息子たちを王の王と宣している。大メディア、パルティア、アルメニアはアレクサンダーに与えた、トレミーにはシリア、シシリア、フェニキアをくれている。その日、女王は女神アイシスに扮して現われたというが、これまでもよくその姿で人々に謁見を与えたと聞いている。

メーシナス　ローマの民衆にその有様をお知らせになったほうがよろしい。

アグリッパ　大概の者はアントニーの傲慢無礼にそろそろ厭気がさしはじめておりましょうゆえ、残る多少の好意も早々に引込めてしまいましょう。

シーザー　民衆はよく知っている、それにアントニーの弾劾状まで受取っているのだ。

アグリッパ　誰をあの男は弾劾しようというのです？

シーザー　シーザーをだ、我らがシシリーにセクスタス・ポンペイを降した後、その島の一部を奴に分け与えなかったからという。さらに、こう言っている、おれが奴から船を借りたまま返さぬと。最後に、レピダスを三頭政治から追放したこと、しかも、こちらでその全収入を押えてしまったことに腹を立てている。

アグリッパ　そのことでしたら、申開きをなさらねば。

シーザー　既にしてある、使者を出しておいた。おれはこう言っておいた、レピダスは残酷になり、ついには自己の権力を濫用するに至った、処分は当然の報いだとな。おれが征服した国に対しては、アントニーにも分前を与える、が、その代り、アルメニア、その他、向うが征服した王国についても、こちらは同様の権利を要求すると言ってやった。

メーシナス　それには決して応じますまい。

シーザー　それなら、向うの言分にも応じぬまでのことだ。

オクテイヴィアが供を連れて登場。

オクテイヴィア　御機嫌よう、シーザー、なつかしい弟！　御機嫌よう、私のシーザー！

シーザー　まさか姉上を、去られた妻と呼ぶ身になろうとは！

オクテイヴィア　いいえ、この身に変りはありませぬ、そう呼ばれるいわれもない。

シーザー　なぜこうしてお忍びでお出でになった？　シーザーの姉らしくもない。アントニーの妻ならば、あらかじめ先触れの一隊をよこし、姿をお見せになる前に、馬の嘶きをもってお越しをお知らせになるのが当然、道筋の木々は見物で鈴成りになり、中には御到着の遅いのに苛立ち卒倒する者も出てまいりましょう、それどころか、附き随う大軍のあげる砂塵が天空の頂に達しても不思議はない。それを、あなたは市場の小女よろしくの出で立ちで、このローマに姿を現わした、それではこちらの愛情を表示するすべがない、目に見えぬ愛はしばしば愛そのものを失いましょう。姉上の御帰国となれば、海に陸に要所要所次第にお出迎えの数も増してゆき、そうして心から歓迎の意を尽したかった。

オクテイヴィア　ありがとう、シーザー、でも、これは、そうせよと強いられてのことではありませぬ、自分のしたいようにしたまでのこと。主人のマーク・アントニーから、あなたが戦の用意をしていると聞いて、身を切られるように思いました。私は直ぐさま帰国の許しを乞うたのです。

シーザー　それを直ちに奴は許した、邪淫に引返す一番の近道だからだ。

オクテイヴィア　そうまで言わなくても、シーザー。

シーザー　私はあの男から目を離したことがない、その行状は一部始終、風の便りに聞えて来る。今、どこにいるとお思いか？

オクテイヴィア　アテネにおります。

シーザー　違う、あなたは辱しめられておいでなのだ、姉上、クレオパトラの手招き一つで、たわいなく引寄せられてしまったのです。奴は自分の領土を娼婦にくれてやり、今や二人で諸国の王どもを戦に駆り出そうと掛っている。既に集ったのは、リビア国王ボカス、カパドキアのアーキレイアス、パフラゴーニアのフィラデルフォス王、トラキア国王のアダラス、アラビアのマンカス王、ポントの国王、ユダヤのヘロド、コマジーンのメトリダテス王、ミード、リカオニアのポレモン、アミンタスの二王、その他、数多くの諸王の名が挙ってあがっております。

オクテイヴィア　ああ、私ほど不仕合せな女はいない、心臓が二つに引裂かれてしまいました、身内でありながら、たがいに争う二人の男の間に置かれて！

シーザー　ようこそお戻りになった。お手紙を拝見して、こちらとしては、ともあれ、込みあげる怒りを押えようと努めたのです。その結果、はっきりしてきたことが二つあります、姉上がいかに不当に遇せられてきたかということ、それに、こちらの油断がいかに危険を増大せしめてきたかということ、その二つだ。元気をお出しなさい。時勢の動きに心をお煩わずらわしにならぬことです、その厳きびしい要求に日々の平穏を掻かき乱されるばかりだ、むしろ万事を運命の手に委ゆだね、愚痴をこぼさず、それに随うがよろしい。ようこそローマへお戻りになった。私にとっては掛けがえのないお方だ。姉上は考えられぬほどの辱しめをお受けになったのです。それゆえ、天上の神々は、それを正そうとのお心から、我らを、そして姉上を慕う人々を、その手勢としてお使いになろうとしているのだ。何の御心配も要いりませぬ。一同、お戻りをお待ち申しあげておりました。

アグリッパ　よくこそ、お戻りに。

メーシナス　よくこそ、オクテイヴィア様。ローマの住民は一人残らずあなた様をお慕いし、御同情申しあげておりました。ただ、淫らなアントニーのみ、果てしなき楽欲に耽り、あなた様を無いがしろにしているだけのこと、あまつさえ自分の統治権を淫婦に譲り渡してしまったため、それが我らに向って騒ぎを起したというわけです。

オクテイヴィア　本当、シーザー？

シーザー　紛れもない事実です。姉上、ようこそお戻りに。何より辛さにお慣れになることだ。姉上！（一同退場）

19

〔第三幕 第七場〕

アクチャム

クレオパトラとエノバーバスが登場。

クレオパトラ　いずれお返しはする、覚悟しておいで。

エノバーバス　しかし、なぜ、なぜです、なぜですか？

クレオパトラ　お前は私が戦場に出ることに反対して、よくないことだとお言いだったね。

エノバーバス　さよう、よいことだとおっしゃるのですか、よいことだと？

クレオパトラ　宣戦の布告はこの身に向って行われたのではないか？　なぜみずから兵を進めて

はならぬ？

エノバーバス（呟く）さよう、答えるのは易い。牡馬と牝馬と一緒くたに出陣しようものなら、わが騎兵は潰滅だ、牝馬どもが牡馬を人馬もろとも連れ去ってしまうだろうからな。

クレオパトラ　何とお言いだった？

エノバーバス　女王のお傍ではさぞかしアントニーがお困りでしょう、あの人の心臓から、あの人の頭から、それにあの人の時間から、そのとき無くては適わぬものが奪い去られる。既に軽はずみな男だという非難もあることですし、ローマでは、宦官フォティナスと侍女どもが今度の戦を動かしていると取沙汰されているくらいです。

クレオパトラ　ローマなど海の底に沈んでしまうがよい、この身の悪口を言う連中の舌は腐れ爛れてしまえ！　戦の費用はこの身が賄っている、この王国の主である以上、当然、男として出陣するつもり。口出ししてはならぬ、後に残ってなどいるものか。

エノバーバス　もう何も申しませぬ。皇帝がお見えです。

アントニーとカニディアスが登場。

アントニー　おかしいとは思わないか、カニディアス、タレンタム、ブランデュージアムを船出した敵がそう早くイオニア海を横切って、たちまちトリンを手中に収めるなどということが？　お聞きだろうな、女王？

クレオパトラ　迅速の最大の褒め手は油断と決っております。
アントニー　適切な小言だ、賢哲の言としてもふさわしく、まさに怠慢の戒めとするに足りる。
カニディアス、おれは敵を海上に迎え撃つつもりだ。
クレオパトラ　海上に！　そのほかにどうなさろうと？
カニディアス　なぜそうお考えです？
アントニー　向うがそれを挑んでいるからだ。
エノバーバス　そう言えば、奴に一騎打をお挑みになっている。
カニディアス　そうなのだ、しかも決戦はファルセイリアの平原にてと申入れてある、かつてシーザーがポンペイと一戦を交えた所だ。その申入れを、敵は己れに不利と見て弾ねつけました、こちらもそうすべきです。
エノバーバス　何より船員の頭数が不足しております、舟乗りといっても、馬方、草刈人夫など、みな急場の埋合せに掻集めた者どもばかりだ、それに引きかえ、シーザー方の乗組員はこれまでポンペイ相手にさんざん戦ってきた連中です。船そのものも、船足の速い敵方のに較べて、こちらは重い。海戦を拒絶したところで、何も不名誉にはなりますまい、陸戦の用意は出来ているのですから。
アントニー　決着は海で着ける、海で。
エノバーバス　まあ、お聴きを、それでは、何のことはない、陸戦の名手と自他共に許した強味を我から抛棄（ほうき）し、戦い慣れた歩兵から成る身方の兵力を分散せしめることになりましょう、名だたる御自分の能力も使わずじまい、勝てるはずの手立ても天から顧みず、御自分の身を全くの出た所勝負にお委（ゆだ）ねになって、必勝の道から逃げようとしておいでとしか思えませぬ。

アントニー　おれはあくまで海で戦う。

クレオパトラ　私の船は六十艘（そう）ある、シーザー方にはそれほど無い。

アントニー　こちらが多い分だけ焼払ってしまう、そうすれば、残りの船に十分船員を配しうる、それをもってアクチャムの岬（みさき）に、押寄せるシーザー軍を迎え撃つのだ。万一、敗れれば、その時はその時、また陸で出直しも出来る。

使者登場。

アントニー　何の用だ？

使者　事実でございます、敵艦を発見いたしました、シーザーは既にトリンを占領しております。

アントニー　みずからその地に乗込むなどということが？　ありえぬことだ、おかしいぞ、奴の手勢が乗込んできたというのは。カニディアス、十九箇軍団を指揮して陸戦に備えろ、騎兵は一万二千だ。おれは船に乗る。行こう、海の女神テティス殿！

兵士登場。

アントニー　おお、どうした？

兵士　申しあげます、海戦はおやめくださいまし、腐れ板子を頼みになさいませぬよう。この剣、それにこの数々の傷を、まさかお信じになれぬというのではございますまい？　水遊びはエジプトやフェニキアの兵隊にお願いいたします。私どもは大地に足を着けて攻め、あい対の斬合い(きりあ)ばかりやってきたのです。

アントニー　解った、解った、さあ！（クレオパトラと共に急ぎ去る、エノバーバスが後に随う(したが)）

兵士　ハーキュリーズも照覧あれ、自分の言ったことに間違いはない。

カニディアス　そうとも、間違いはない。が、今や、アントニーの全行動は兵力戦術と何の関係もないのだ。つまり、わが指揮官は指揮される身となり、我らは女連の部下というわけさ。

兵士　陸戦では歩兵軍団と騎兵とを分散せしめず、同一行動を採るお考えだと思いますが？

カニディアス　マーカス・オクティヴィアス、マーカス・ジャスティーアス、パブリコラ、セーリャス、これだけが海に向う。が、陸では我らこぞって同一行動を採る。それにしても、シーザーの迅速ぶりは信じられぬほどだ。

兵士　ローマ進発の折には、総勢、分れ分れに街を出て行きましたので、間諜(かんちょう)も悉く(ことごと)だまされてしまったのです。

カニディアス　副官は誰か、聞いているか？

兵士　噂(うわさ)ではトーラスという男だそうでございます。

カニディアス　それならよく知っている。

使者登場。

使者　カニディアス殿、お呼びです。

カニディアス　知らせを次々に生み落すのに、今や、時も大苦しみだ、一分毎に陣痛が来る。（一同退場）

20

〔第三幕　第八場〕

シーザーとトーラスが軍隊を率いて登場。

シーザー　トーラス！

トーラス　は、何か？

シーザー　陸では戦いを避けろ、兵力を分散させぬことだ、こちらからは仕掛けるな、海戦がかたづくまではな。この指図（さしず）書きの範囲を越えてはならぬ。身方の興廃はこの一挙に懸っているのだ。

21

〔第三幕　第九場〕

アントニーとエノバーバスが登場。

アントニー　身方の一隊を引連れて丘の向う側に陣取り、シーザー方の動きを見張っていてもらおう、そこからなら敵船の数まではっきり読みとれようし、こちらはそれに応じて作戦を立てられる。（二人退場）

――間

22

〔第三幕　第十場〕

カニディアスが陸上部隊を率いて舞台を一方から他方へ行進して去る。続いて、シーザーの副官トーラスが反対方向に同様行進して去る。その後に海戦の音が聞えて来る。

警鐘。エノバーバスが登場。

エノバーバス　成っていない、成っていない、まるきり成っていない！　もう見てはいられない。

アントニアド号ときたら、エジプトの旗艦のくせに、お供を六十艘も引具して、廻れ右の逃出し作戦だ。あれには、さすがのおれも目の前が真暗になってしまった。

スケアラスが登場。

スケアラス　神よ、女神よ、天上のありとあらゆる神々よ！

エノバーバス　どうしてそう歎き喚くのだ？

スケアラス　世界の大半が吹飛んでしまったのだ、馬鹿にも程がある。女の唇をしゃぶり暮しているうちに、こちらの王国、領地は悉く消えて無くなったというわけさ。

エノバーバス　戦況はどうなのだ？

スケアラス　身方は疫病にかかっているようなものだ、既に死斑が現われて、死はどうにも避けられない。あの色気違いのエジプト女め――いっそ癩病にでも取りつかれるがいい！――正に戦い酣で、いずれに勝ち味があるか、双子の兄弟同様、にわかに見分けがつかぬ有様、というよりは、むしろこちらが兄貴分と見えたのだが――そこを風が一吹き、虻が飛んで来て女に止った、女はたちまち六月の牝牛よろしく！――帆を揚げて逃出し始めたというわけさ。

エノバーバス　そいつはおれも見た。あれには思わず目を蔽った、その先を見届ける気には、とてもなれなかったのだ。

スケアラス　女が舳を風のある方へ向けたものだから、その魔力に腑抜けの殻のアントニー、船の帆を羽搏くように大きく拡げたかと思うと、雌の尻を追う鴨よろしく、今酣の戦を打棄て、一目散に逃出した。これほど恥知らずの戦いは見たことがない、いさおし、男、体面が、こうまで辱しめられたためしはない。

エノバーバス　ああ、何たることか！

カニディアスが登場。

カニディアス　身方の命数も海ではついに事切れ、海底の藻屑と消え去った。我らのアントニーがかつてのとおりの武人であったなら、万事うまく行ったろう。ああ、みずから先んじて敗走の手本を見せるなどと、全くふざけた話ではないか！

エノバーバス　ふむ、思いはやはりその辺か？　それなら、後はおやすみを言うだけだ。

カニディアス　皆ペロポンネサスの方へ逃げて行った。

スケアラス　そのくらいは出来るだろう、おれもそこへ行って、成行きを見守ることにする。

カニディアス　おれはシーザーに部下の歩兵、騎兵を全部引渡すつもりだ、身方の王が既に六人も降伏の方法を教えてくれている。

エノバーバス　おれはもう少しアントニーの手負いの運命に附いて行ってみる、もっともおれの理性は風に逆らうことには反対なのだがな。(一同退場)

〔第三幕　第十一場〕

23

アレクサンドリア、クレオパトラの宮殿

アントニーが侍者数人を連れて登場。

アントニー　あれを聞け！　陸が叫んでいる、もうこれ以上這いずり廻ってくれるなと——おれを載せておくのを恥じているのだ。皆、ここへ来てくれ。おれは日暮れて宿を取りはぐれた旅人同様、行けば行くほどこの世の道を踏迷うばかりだ。黄金を積んだ船が一艘ある、それを遣る、皆で分けるがよい。逃げて、シーザーと和を計れ。

一同　逃げろと！　そのようなことは。

アントニー　おれはみずから先んじて逃げた、そうして部下の卑怯者に、敵に後ろを見せることを教えてしまったのだ。さあ、行くがよい、おれの腹は決っている、それにはお前たちの手は要らぬ。行け。おれの財宝は港にある、それを持って行くがよい。おお、おれはみずから行い、みずから恥じて、それをまともに見ることさえ出来ぬ。一つおれの髪の毛までがたがいにいがみ合っている、白髪が鳶色の無謀を咎めるかと思うと、それが逆に相手の臆病と老耄を詰り返すという有様だ。さあ、行くがよい。心当りの友達に手紙を書いてやるから、それを持って行け、何とかうまく逃してくれるだろう。頼む、泣顔を見せてくれるな、否(いな)やも言ってくれるな。おれの絶望が見抜いた潮時を素直に受取るがよい、己(おの)れに附合うすべを忘れた者に附合うことはない。真直ぐ海へ行け。船も宝もお前たちのものだ。頼むから、暫(しばら)く一人にしておいてくれぬか、本当に頼んでいるのだ、どうかそうしてもらいたい、事実、おれにはもう命令する資格がない、だからこそ頼んでいるのだ。また後で会おう。(腰を下ろす)

クレオパトラがカーミアンとエロスに導かれて登場、その後にアイアラスが続く。

エロス いえ、女王様、何よりもお慰めの言葉を。

アイアラス 是非ともそのように、女王様。

カーミアン 是非とも! そうでございましょう、そのほかに?

クレオパトラ 坐らせておくれ。おお、ジューノー!

アントニー 違う、違う、違う、違う、違う。

エロス こちらがお見えになりませぬか?

アントニー おお、畜生、畜生、畜生!

カーミアン 女王様!

アイアラス 女王様、ああ、しっかり遊ばして!

エロス アントニー様、お心確かに!

アントニー　嘘(うそ)は申しませぬ、嘘は、そうだ、奴はフィリッピの戦場で、ただ、剣を踊子のようにぶらさげていただけだった、一方、おれはあの痩(や)せぼちで皺(しわ)だらけのキャシアスを打取ったし、おまけに気違いのブルータスもおれがかたづけたのだ。それを、奴ときては、ただ代理の者に任せ放しで、みずから陣頭に立って戦おうとはしなかった。だが、もう済んだことだ。どうでもよい。

クレオパトラ　ああ！　誰か。

エロス　女王様が、アントニー様、女王様がお見えで。

アイアラス　さ、お側にいらして、女王様、どうぞお慰めのお言葉を、我と我身を恥じて、御錯乱の態(てい)とお見受け致します。

クレオパトラ　そうしましょう、さあ、私を支(ささ)えておくれ。ああ！

エロス　アントニー様、お立ちを、女王様がこちらへ。首を垂(た)れ、今にも絶え入りそうな御様子、何よりお慰めの言葉が肝要かと存じます。

アントニー　アントニーは名誉に疵(きず)をつけてしまった、これほど忌わしい過(あやま)ちがまたとあろうか。

エロス　もし、女王様が。

アントニー　おお、お前はおれをどこへ連れて行こうというのか、エジプトの女王？　察してもみてくれ、おれは自分の恥をお前の目に見せまいと、一途(いちず)にそう思えばこそ、こうして独(ひと)り過去を振返り、不名誉のうちに崩(くず)れ去ったその時の思い出に身を浸していたのだ。

クレオパトラ　おお、アントニー、私の臆病な船の帆のおびえはためきを許して！　附いておいでになろうとは夢にも思いませんでした。

アントニー　私のエジプト、知り過ぎるくらい知っていたはずだ、おれの心がお前の船の舵に堅く結びつけられていることを、そうしておれがお前に曳き舟されて動いていることを。おれの魂を思いのままに操っている自分を知らぬはずはない、お前の差招きがあれば、神々の命に背いても必ず附いて来るおれと解っていたはずだ。

クレオパトラ　ああ、許して！

アントニー　この上はおれも、あの若者に使者を送り、辞を低くして和を請い、卑しい奴らの用いる言い逃れやごまかしの策を弄せねばならぬ、かつては世界の半ばと戯れ、心のままにその運命を左右したおれだというのに。お前は十分知っていたはずだ、自分がいかにこのおれを強く支配していたか、おれの剣は、いかに愛情のために脆くなり、事の如何を問わず、その言うなりになっていたかを。

クレオパトラ　許して、許して！

アントニー　涙を落すな、その一滴一滴が、おれの得たもの失ったものすべてに値する。さあ、口をくれ、これで何も彼も償われる。先程、例の子供たちの仕附役を使者に出しておいた、もう帰って来たか？　おれの心は鉛のように重い。酒をくれ、誰かおらぬか、それに食べる物も！　運命の女神には見透しであろう、我々人間は女神を一番馬鹿にして掛るのだ、女神の方で一番手

厳しく攻立てている時にな。（一同退場）

〔第三幕　第十二場〕

24

エジプト、シーザーの陣営

シーザー、アグリッパ、ドラベラ、サイディアス、その他が登場。

シーザー　アントニーのよこした男を呼び入れろ。その男を知っているのか？

ドラベラ　シーザー、アントニーが子供の仕附役に使っていた教師でございます――それこそ、羽毛をすっかり毟り取られてしまった証拠、送るに事を欠いて、己れの翼から、かくもみじめな羽を抜いてよこすとは、諸国の王をふんだんに使者に仕立てられた数箇月前とは大違いでございます。

教師がアントニーの使者として登場。

シーザー　前に出ろ、用向きを言え。

教師　御覧のとおりの者にございますが、アントニーの使者として参上いたしました。今日までその御用を勤めては参りましたものの、あのお方にとりましては、いわば天人花の葉に置く朝露、親元の大海原に出でて、またそこに帰る詰らぬ身にございます。

シーザー　そのようなことは構わぬ。役目どおり用件を申述べるがよい。

教師　アントニーには、わが運命の支配者として御挨拶申しあげ、エジプト在住をお許しあるようお願い致せと申しており、万一、そのお許し無くば、それも望まぬ、願わくは、せめてこの天地の間に生を保ち、一市井人としてアテネの町に住まわせいただくよう懇願せよとのこと、それだけにございます。次に、クレオパトラといたしましては、ここにシーザーの大を認め、その御威勢に服することを誓い、出来ますれば、トレミー家の王冠はわが子らにお与え下さいますよう、その可否も今や御心一つに懸ることなればと、さように申しておりましてございます。

シーザー　アントニーの願いについては、今さら耳を貸す気にはならぬ。女王のことだが、その謁見、および希望は、必ずしも拒否するつもりはない、ただし、今や全く面目を失ったその友をエジプトから追放するか、あるいは直ちに命を奪うか、いずれかを実行してもらわねばならぬ、それさえやってのければ、願いは聞入れられぬでもない。その旨、二人に申し伝えるがよい。

教師　御好運をお祈り申しあげます。

シーザー　陣中、警護して送り返すように。（教師の退場を見送り、サイディアスに向って）お前の弁舌を試す時が来たな、急いで行って来い、アントニーの手からクレオパトラを捥取って来るのだ。ほしいものを遣ると言え、それもおれの名を用いて、相手の望むものは何でもとな、そのほか、お前の思いつきで、いかような申出でもするがよい。女は好運の絶頂にいるときでも強くはない、まして窮すれば、無垢（むく）の童女も誓いを破りかねぬ。お前の腕の見せ所だ、サイディアス。自分の骨折りについてはみずから裁定するがよい、それをそのまま法として採用してやるぞ。

サイディアス　では、シーザー、直ぐにもお暇を。

シーザー　よく見て来てくれ、アントニーが逆境にあっていかに身を持しているか、また、その挙動の端々に現われる相手の心の動きを、どう解すべきか、よろしく頼むぞ。

サイディアス　は、シーザー、仰せのとおりに。（一同退場）

〔第三幕　第十三場〕

25

アレクサンドリア、クレオパトラの宮殿

クレオパトラ、エノバーバス、カーミアン、アイアラスが登場。

クレオパトラ　どうしたらよいというのか、エノバーバス？

エノバーバス　思い煩（わずら）い、そして死あるのみ。

クレオパトラ　アントニーとこの身と、責めはいずれが負うべきか？

エノバーバス　アントニーが独り負うべきものです、全く言語道断だ、己れの欲情を理性の主とするなどとは。戦局すさまじく、敵身方と相対しての嚇（おど）しあいに、女王が恐れて逃げ出したからと

〔III-13〕25

いって、それがどうしたというのです、なぜその後を追わなければならないのか？　あの場合、情の疼きに身を任せて総帥の役を投げ出してしまう法はない、選りに選って、天下分け目の大戦、それも自分が因で始まったというのに。大恥だ、損はまだしもです、逃げる女王の旗を追いかけ、あっけに取られている身方の船に置去りを食わせるなどとは。

クレオパトラ　お黙り。

アントニーが教師と共に登場。

アントニー　それが奴の答えか？

教師　はい、さようで。

アントニー　女王は礼をもって遇する、ただしこの身を引渡すこと。

教師　そういうお申出でございました。

アントニー　そのとおりあれに知らせよう。若僧のシーザーにこの白髪まじりの素首を送り届けるがよい、奴はあなたの要求を全部のんで、領土は幾らでも分けてくれよう。

クレオパトラ　あなたの首を？

アントニー　もう一度、行って来い！　奴に言ってやれ、奴は今を盛りの薔薇の若さだ、当然、世間は目ざましい功績を期待している、手もとにある貨幣、船、軍団、すべてがどんな臆病者にも使いこなせよう、部下の隊長連にしても、頭に童児を戴いて戦い勝つことが出来る、何もシーザーの指揮に待つまでもないとな。だから、おれは奴に挑戦したいのだ、その虚飾の附け足しをかなぐり捨て、この落ちぶれたおれを相手に、剣と剣との一騎打に応じるがよい。そのことを手紙に書いてやる。さあ、後に附いて来い。（教師を伴って退場）

エノバーバス　（傍白）なるほど、大いにありそうなことだ、堂々たる大軍を率いたシーザーが今の仕合せな境涯を打棄てて、わざわざ闘技士相手の見せ物になろうというわけか！　なるほど、人間の分別というやつも運の支配は免れない、表向きが貧すれば、それにつられて内なる心も鈍麻し、内外呼応して下落の一途を辿るのみ。何と途方もない夢を懐いたものか、運命を量る目盛はとくと御存じのはずだ、それを、満たされたシーザーが干からびた男の申出でに応じると思うなどと！　シーザー、貴様はこの男の分別までも征服してしまったのだ。

召使が登場。

召使　シーザーからの御使者が。

クレオパトラ　何ということだ、挨拶はそれだけか？　御覧、女たち、咲切った薔薇には人は鼻を摘む、かつては莟の前に膝まずいたくせに。ここへ連れておいで。（召使退場）

エノバーバス　（傍白）おれの本心とおれとが諍いを始めたぞ。忠勤も阿呆相手の精進では、あたら実意もあだになる。とはいえ、身を捨てて、どこまでも負けた主人に心中立てしてこそ、相手の征服者を征服し、しかも青史に名を垂れるというわけだ。

サイディアスが登場。

クレオパトラ　シーザーのお考えは？
サイディアス　それは別室にて。
クレオパトラ　身内しかおりませぬ。ありのまま申すがよい。
サイディアス　それなら、おそらくはまたアントニー殿のお身内でもおありのはず。
エノバーバス　もちろん、あの方にも身内は必要ですな、その点、シーザー殿と同じだ、もっとも全然その要なしということにもなりかねませんがね。シーザーの思召し次第では、わが主人も喜び勇んでそのお身内に馳せ参じましょう。我らはといえば、言うまでもなく、主人が属する方に属する、つまり、シーザーのお身内になるだけの話です。
サイディアス　さよう。さて、世に知らぬ者なき女王にシーザーのお言葉をお伝え申しあげます、女王には、現在御自身の置かれているお立場をお考えになる要はなく、ただ相手はシーザーであると、そのことのみお含みおき下さればよいとのことにございます。
クレオパトラ　先を。さすが王者に似つかわしい。
サイディアス　シーザーは見抜いておいでです、女王がアントニーをお受入れになったのは、愛したからではなく、恐れたからであると。
クレオパトラ　おお！

サイディアス　今、御名誉が傷つけられたとはいえ、それも強いられたものであり、責めを負わせるのは気の毒だと申しております。

クレオパトラ　シーザーは神にも等しいお方、さすがによく真実を見抜いておられる。私の名誉は進んで与えたものではない、あながちに奪い取られたものなのだ。

エノバーバス　（傍白）真偽の程はアントニーに訊いてみよう。大将、水洩りが大分ひどくなってきましたな、こうなっては沈没を見殺しにするほかはない、一番大事にしておいでだったお方が逃出そうというのですからな。（退場）

サイディアス　シーザーに御希望をお伝え申しあげてもよろしゅうございますか？　むしろ女王より御要求があることを望んでおいでのようにもお見受け致しました。シーザーの運命を杖柱とお頼みになるお気持が、もし女王におありになれば、シーザーはことのほか御満足なさいましょう。のみならず、どれほどお喜びになることか、女王がアントニー殿をお見捨てになり、全世界の主とも申すべきシーザーの庇護のもとに身をお寄せになったと御報告申しあげれば。

クレオパトラ　名は何と言う？

サイディアス　サイディアスと申します。

クレオパトラ　世にも優しきお使者だこと、大シーザーにこうお伝え申しあげておくれ、その征服者の御手に口づけすることによって御挑戦申しあげましょうと。いつなりともこの王冠をあのお方の足もとに投げ出だし、その御前に膝まずきましょう。万人が随い服するあのお方のお声に、エジプト女王たるこの身の裁き(さば)を聴きましょう。そうお伝えしておくれ。

サイディアス　それこそ女王におふさわしい最善の道にございます。分別と運命とがたがいに相争うとき、分別が己れのなしうる限り戦いさえすれば、いかに移り気な骰子(さいころ)の目も決して不利には働きますまい。何とぞわが敬意の御印をその御手の上に。

クレオパトラ　シーザーの父君もまた、その頃は諸国攻略に余念のない日々をお過しだったが、やはりこの何の取柄もない手に、しばしば口づけの雨をお降らせになったものだった。(手を与える)

アントニーとエノバーバスが二たび登場。

アントニー　そうまで遇してやらずとも！　何者だ、貴様は？

サイディアス　満ち切った運命の潮に棹(さお)さす最高権威者の命を受け、その執行に参上しただけの者。

エノバーバス　(傍白)　鞭(むち)を食らうぞ。

アントニー　(叫ぶ)　おい、誰かいないか！　(クレオパトラに)　ああ、この売女(ばいた)！　(間)　何ということだ、もうおれには権威がないのか。ついこの間まで、おれが一声「ほう！」と叫べば、国々の王どもが物拾い競技の子供たちよろしく我勝ちに馳(は)せ参じ、「御用は？」と口々に叫んだものだったが。

侍者が急ぎ登場。

アントニー　貴様には耳が無いのか？　おれはアントニーだぞ、まだ。こいつを向うへ連れて行け、鞭を食らわせるのだ。

エノバーバス　（傍白）同じ一緒に戯れるなら、死にかかった親獅子よりは、仔獅子相手の方がまだしも気がきいているというものだ。

アントニー　畜生！　そいつに鞭を食らわせろ！　それがシーザーに随順する最強二十王国の王であろうと、その女の手にじゃれついているところを見たら――この女の名は何という、かつてはクレオパトラと呼ばれていたが？　そいつに鞭をくれろ、子供のように顔をしかめ、泣き喚いて許しを乞うまで痛めつけてやるのだ。向うへ連れて行け。

サイディアス　マーク・アントニ――

アントニー　引いて行け、済んだら、もう一度ここへ連れて来い。シーザーのその小僧におれの返事を持たせて追返してやる。（侍者数人でサイディアスを連れ去る）貴様はもう萎みかけていたのだ、おれに遭う前からな……はあ！　おれはローマにいたとき、枕に皺を附けることを許さず、嫡子を儲けることを禁じて、婦女の鑑ともいうべき妻を郤けてきた、それもあんな乞食めらに色目をくれる女に瞞されようためなのか？

クレオパトラ　待って――

アントニー　貴様は昔から主を選ばぬ浮気馬だった、だが、人間という奴は一度濁り江に身を浸しはじめると――浅ましいことだ！――賢い神々までわざわざ乗出して来て、手ずからこの目蓋を綴じつけ、澄んだ分別を汚物の中に抛りこみ、われとわが過ちを讃美させる、そうしておいて、われわれ人間がいい気になって破滅の淵に歩み寄って行くのを、傍で眺めて笑っているのだ。

クレオパトラ　おお、それほどまで?

アントニー　始めて会ったとき、貴様は死んだシーザーの皿の上の冷めた食い残しだった、それどころか、ネーアス・ポンペイの食い散らした残り物だったのだ、いや、それより激しい邪淫に身を熔かした数々の思い出があろう、世の取沙汰にならぬをさいわい、そうして貴様は淫な摘み食いに耽ってきたのだ。そうだ、お前には、貞潔とはどうあるべきか、大よそ見当はついても、それが実際どんなものか、解ってはいないからだ。

クレオパトラ　どうしてそのようなことを?

アントニー　褒美を貰って「おありがとうございます」などと言うような奴に、おれの遊び相手のお前の手を、気高い心の証しでもあり誓いでもあるこの王者の手を、馴れ馴れしく弄り廻させるとは！　おお、おれはいっそバシャンの丘に登り、角の生えた家畜の群に投じて喚き叫んでやりたい！　畜生のまねをするいわれが、おれには十分あるのだ、行儀よく口をきけと言うのか、まさか死刑で首を締められながら、執行人の手廻しの良さに礼を言えとは言うまい。

侍者たちがサイディアスを連れて二たび登場。

アントニー　痛い目を見せてやったか?

第一の侍者　は、たっぷりと。

アントニー　泣き喚いたか？　許しを乞うたか？

第一の侍者　お慈悲を乞いましてございます。

アントニー　貴様の父親がまだ生きているなら、貴様を女に生まなかったことを悔いるがいい。貴様もシーザー凱旋の伴をしたその愚かさをとくと反省してみたらどうだ、鞭を食らったのも、奴の伴をしたおかげだからな。以後は、女の白い手を見るたびに瘧に取憑かれ、がたがた震え出すがいい。シーザーのもとに舞戻り、どういうもてなしを受けたか知らせてやれ。よいか、奴のことでおれがどれほど憤っているか、ありのままに伝えるのだぞ。どうやら奴は増長して人もなげに振舞っているらしいからな、それも、今のおれだけに目をとめ、昔のおれを忘れているからだ。奴はおれを憤らせた、今の場合、それほど易しいことはない。かつておれを守護し導いてくれたおれの星は、今やその座を離れ、地獄の深みに光を没し去ってしまった。もしもおれの言葉や仕ぐさが気に食わぬというなら、奴の手もとにはヒパルカスがいる、自由にしてやったおれの奴隷だ、そいつを気の済むように鞭打つなり、首を締めるなり、拷問を加えるなり、おれの身代りにどうともするがよい。きっとそう伝えるのだぞ。さあ、その鞭の痕を背負って帰れ！（サイディアス退場）

クレオパトラ　もうお済みになりまして？

アントニー　ああ、おれの月が蝕まれてしまった、それもアントニーの滅亡を知らせる前兆としか思われぬ。

クレオパトラ　お心の鎮まるのを待つほかはない。

アントニー　シーザーに諂うため、その下着の紐を結ぶ召使に秋波を送るのか？

クレオパトラ　まだ私の心がお解りになりませぬか？

アントニー　おれに冷たい心の持主とか？

クレオパトラ　ああ、もしそうなら、天はその冷たい心臓をもとに雹を造るがよい、そうだ、その中に毒を仕込んでおくのだ、そうして最初の一粒をこの首に打込んでおくれ、体内でそれが溶け去って、それと一緒に私の命も溶け崩れてしまうように！　次の一粒はシーザリオンに、あの子を打殺しておくれ！　そうして次々にこの胎を痛めた形見の子らは倒され、国中の雄々しいエジプト人共々、雹の嵐に溶け崩れて、後には墓も建ててもらえず、やがてナイルの蠅や虻の餌食となり、その腹に葬られるのを待つがよい！

アントニー　もうよい、解った。シーザーはこのアレクサンドリアを囲んでいる、おれはここを打って出て奴と勝敗を決するつもりだ。身方は陸では全く無疵だ、四散した海上勢力も元どおり結集し、舳を並べて海と力をきそうている。どこへ行ってしまったのだ、おれの勇気は？　聴いているのか、女王？　もし二たび戦場から戻り、その唇に口づけするようなことがあれば、その時のおれは敵の血を浴び、ますます力に溢れた姿を見せるだろう。この身とこの剣とがおれの名を後世に書き残してくれるのだ。望みはまだある。

クレオパトラ　それでこそ、いつもの雄々しいアントニー殿！

アントニー　この上はおれも、この筋肉、心臓、息を日頃の三増倍にしてでも、遮二無二（しゃにむに）、戦ってやる。かつて何も彼も思いどおりにうまく運んだ頃には、おれは巧（うま）い洒落（しゃれ）一つで敵の命を助けてやったものだ、だが、こうと腹を決めた以上、おれの前に立ちはだかる者は片端から地獄の闇（やみ）に送り届けてやるぞ。さあ、今宵（こよい）もう一夜、華（はな）やかに宴を張ろうではないか。ふさいでいる隊長たちを呼び集めてくれ、もう一度われらの杯を満たすのだ。深夜を告げる鐘の音をどこ吹く風と飲み明かそう。

クレオパトラ　きょうは私の生れた日、一日わびしく過そうと思っておりました。でも、こうして目の前にふたたび昔のアントニーを見たからには、私も元のクレオパトラになりましょう。

アントニー　おれたちはまだ何とかやってゆける。

クレオパトラ　隊長たちに御前に集まるように言っておくれ。

アントニー　そうしてくれ、皆に色々話したいことがある、そうして今夜は連中の傷口から酒が吹きこぼれるほど飲ませてやるのだ。さあ、女王、見こみはまだある。どうせ戦う以上、今度はおれも死神すら惚々（ほれぼれ）するほど暴れて見せるぞ、正直、あの、人の命を片端から刈取る疫病の大鎌と、その残酷ぶりを争う気でいるのだからな。（一同退場）

エノバーバス　あの勢いで睨（にら）まれては、稲妻（いなずま）も縮みあがる。自暴自棄とは怖（こわ）さの余り怖さが解らなくなったということで、そういう心の状態では、鳩（はと）が駝鳥（だちょう）に突掛る、というわけで、どうやら、大将、脳味噌が減って、それだけ胆玉が太くなったということらしい。勇気が理性を食い始めると、ついにはお手の物の剣まで食いつぶしてしまうものだ。そろそろ手を切ることを考えねばなるまい。（後を追って退場）

〔第四幕 第一場〕

26

アレクサンドリアの近く

シーザー、アグリッパ、メーシナスが部下の軍隊と共に登場。シーザーは手紙を読んでいる。

シーザー　おれのことを小僧と呼び、おれをエジプトから追払う力があるかのように雑言を吐き散らしている、使者には鞭を食らわし、おれと一騎打がしたいという、シーザー対アントニーの決戦だ。あの悪党の老いぼれに知らせてやってくれ、どうせ死ぬなら、おれにはまだ幾らも手があるとな、さしあたり、奴の挑戦など鼻の先で笑っておけばよい。

メーシナス　シーザーには是非とも次の事実をお見過しになりませぬよう、あれほどの男がひた猛り狂うとなれば、狩立てられて倒れるまで止むことはありますまい。息つぐ暇もあらせず、この錯乱に乗じるに越したことはない。怒りはみずからを防ぐすべを知らぬものです。

シーザー　重だった者に知らせてもらいたい、あすこそ待ちに待った最後の決戦を行うつもりだ。

身方の中には　つい最近までマーク・アントニーに仕えていた者がいる、それだけでも十分奴を生捕り(いけど)に出来よう。手配を頼む。済んだら全軍を饗応(きょうおう)してやれ、貯え(たくわ)は十分あるはずだ、きょうまで皆よく働いてくれた、それくらいの振るまいは当然であろう。アントニーめ、思えばかわいそうな奴だ！（一同退場）

〔第四幕　第二場〕

27

アレクサンドリア、クレオパトラの宮殿

アントニー、クレオパトラ、エノバーバス、カーミアン、アイアラス、アレクサス、その他が登場。

アントニー　奴め、おれと一騎打をする気は無いらしいな、ドーミシアス？

エノバーバス　ございますまい。

アントニー　なぜしないのだ？

エノバーバス　おそらく運は自分の方が二十倍も強い、したがって二十人前だとでも考えているのでしょう。

アントニー　よいか、あすは海陸両者にわたって戦う。二つに一つ、勝って生きながらえるか、あるいは敗れて死の名誉を血に浸し、その名を二たび生かしめるか。お前も思い切り戦ってくれような？

エノバーバス　敵に突込みをかけて、「身ぐるみ持って行け」とどなってやるつもりです。

アントニー　よく言った。さてと。召使どもを呼び集めてくれ。今夜はお要りお構いなしにたらふく食うがよい。

侍者が三、四人登場。

アントニー　お前の手をくれ、きょうまでよくまめまめしく仕えてくれたな、お前もだ、お前も、お前も、それからお前も。皆、本当によく尽してくれた、諸国の王どももかつてはお前たちと同輩だったのだが。

クレオパトラ　（傍白）一体どういうことなのか？

エノバーバス　（傍白）一種の気紛れで、いわば、悲しみが心の窓から放つ矢とでも申しましょうか。

アントニー　それにお前もまめに仕えてくれた。おれがお前たち一人一人になれたら、そうしてお前たちが合してこの一人のアントニーになってくれたらと、心からおれはそう思うのだ、そうしたらおれはお前たちがしてくれたようにお前たちに尽させてもらえるのだが。

一同　畏れ多いことを！

アントニー　まあよい、皆、今夜はおれの給仕をしてくれ。杯を重ねても制するな、十分飲み食いさせてくれ、おれの帝国がお前たちと同輩で、おれの命のままに動いたときのようにな。

クレオパトラ　（傍白）どういうおつもりか？

エノバーバス　（傍白）家来どもを泣かせようというのでしょう。

アントニー　今夜はおれの給仕を頼む、あるいはこれが奉公の仕納めになるかもしれぬ、おそらく二度とおれの顔を見ることもあるまい、いや、あっても、それは傷だらけの亡霊に違いない。たぶん、あすのお前たちは別の主人に仕えていることだろう。おれは今お前たちが暇乞いをしているものと思っている。皆、おれはお前たちを追出そうというのではない、それどころか、主人としてお前たちの忠実と二世を誓い合った気で、死ぬまで一緒にいるつもりだ。今夜は給仕を頼む、二時間だけだ、それ以上は煩わさぬ、いずれ神々がお報い下さるだろう。

エノバーバス　一体どういうおつもりです、皆を滅入らせようとおっしゃるのですか？　それ、皆、泣いています、それに、私まで、馬鹿馬鹿しい、目がしみてきた。見っともない、私たちを女にしないでいただきたい。

アントニー　は、は、は！　さらにそんなつもりはない！　その涙の落ちる所に天の恵みのありますよう！　皆、おれの言葉をあまり深く採り過ぎる、お前たちを元気づけようと思って言ったまで、ただ今夜は夜を徹して歓を尽してもらいたいと思っただけだ。よいか、皆、あすは大丈夫だ、必ずお前たちを生ける勝利に導いてやる、決して死の名誉に追いやるようなまねはしない。直ちに宴に臨もう、さあ、煩いごとは酒に溺らせてしまうがよい。（一同退場）

〔第四幕 第三場〕

28

前場に同じ、宮殿前の高台

兵士の一群が登場。

第一の兵士 やあ、いよいよあすだな。

第二の兵士 いずれにせよ、これで形がつく。では、頼むぞ。町の様子はどうだ、妙な話を聞かなかったか?

第一の兵士 別に何も。何か聞いているのか?

第二の兵士 おそらく流言に過ぎまい。では、また。

第一の兵士 そうか、では、また。

二人は他の兵士たちに会う。

第二の兵士 皆、見張りは大いに注意してくれ。

第三の兵士 そちらもな。では、また、頼むぞ。

それぞれ高台の隅に陣取る。

第四の兵士　この辺がよい。あす海の方でうまくゆきさえすれば、大丈夫、陸の方でも持ちこたえられると思う。

第三の兵士　陸兵は強い、それにすっかり腹を決めているからな。(不思議な音楽が地下から聞えてくる)

第四の兵士　静かに！　何の音だ！

第一の兵士　おい、あれを！

第二の兵士　あれは！

第一の兵士　空から楽の音が。

第三の兵士　地下からだ。

第四の兵士　何か良いことが起る前知らせではないか？

第三の兵士　馬鹿な。

第一の兵士　静かにしろというのに！　一体どういうことなのだ？

第二の兵士　アントニーの好きなハーキューリーズが、今あの人を去るところなのだ。

第一の兵士　向うへ行ってみよう、あの連中にも同じように聞えているのかどうか。

第二の兵士　おい、皆！

〔IV-3〕28

一同 （一緒に）おい、おい！ あれが聞えるか？
第一の兵士 うむ、不思議な音ではないか？
第三の兵士 皆にも聞えるか？ あれが聞えるか？
第一の兵士 部署を離れぬ限り、音の出場所を隈(くま)なく探してみよう、どうして止むか突きとめたい。
一同 よし、そうしよう。全く不思議だ。（そう言いながら退場）

29

〔第四幕 第四場〕

クレオパトラの宮殿
アントニー、クレオパトラ、カーミアン、その他の侍者たちが登場。
アントニー エロス！ 鎧(よろい)をくれ、エロス！
クレオパトラ もう少しおやすみになっていらっしゃれば。
アントニー そう心配するな。おい、エロス、鎧を、エロス！
エロスが鎧を持って登場。

アントニー　さあ、早く、鎧を着せてくれ。もしきょうの戦いで運命がこちらの身方に附いてくれぬとなれば、もともとこちらがそれに逆らっているからだ。

クレオパトラ　さあ、私も手伝おう。これは何だろう？

アントニー　まあ、よい、放っておけ！　あなたの仕事はこの心に鎧を着せることだ。違う、違う。ここだ、ここだ。

クレオパトラ　でも、お願い、お手伝いさせて。きっとこうね、ここは。

アントニー　よしよし、これで勝てる。見ろ、解ったか？　さあ、お前も鎧を附けて来い。

エロス　はい、直ぐに。

クレオパトラ　この締金はこれでよろしいのかしら？

アントニー　大いに結構。おれがこの締金をみずから解いて一息入れようとする前に、それをはずそうとする奴は、頭上に雷を覚悟するがよい。お前は不器用だな、エロス。女王の方が本職だ、このとおりお前よりずっと手際がよい。さ、急げ。女王、きょうの戦いぶりを見せたいものだな、そうして王者の遣り口がどのようなものか解ってもらえたなら！　あなたも戦の名手というものを目のあたり見ることが出来ように。

武装の兵士が登場。

アントニー　早くから御苦労、いかにも軍命令を携えた兵らしいな。人間、好きな事には早起きしてでも、喜んで手をつけたがるものだ。

兵士　千人の兵が、まだ早いのですが、既に武装を終え、町の城門の所でお待ち申しあげております。（外で叫び声、トランペットの音）

隊長、兵士の一団が登場。

隊長　朝から見事に晴れました。お早うございます。

一同　お早うございます。

アントニー　空は冴え輝いている。きょうは、まるでその名を世に知られようと願う若者の心のように、早くから明るみ始めた。そう、そう、さあ、それをよこせ。こちらへ——これでよい！　では行くぞ、先はどうなろうと、さあ、武人の口づけを。（女王に接吻する）これ以上月なみの挨拶を並べて別れを惜しんでいたのでは、人に譏られ恥を掻かされても文句は言えまい、武人らしくお別れしよう。戦う気のある者はおれに附いて来い。思う存分引廻してやるぞ。さあ、行くぞ。

（一同退場、クレオパトラとカーミアンが残る）

カーミアン　さあ、お部屋へお引揚げになっては。

クレオパトラ　連れて行っておくれ。勇ましく出ておいでになった。あの方とシーザーとが一騎打で雌雄を決してくれさえしたら！　そうすればアントニーが——でも、今さら——さあ行こう。

（二人、奥に入る）

30

〔第四幕　第五場〕

〔Ⅳ-5〕30

アレクサンドリアの近く
トランペットの音。アントニーとエロスが登場。兵士が出て来て二人を迎える。

兵士　神々がきょうの日をアントニーの佳き日となし給わんことを！
アントニー　お前とその古傷が勧めてくれたように、陸で戦えばよかったのだ！
兵士　もしそうしておいでだったら、寝返り打った王どもも、いや、けさがたついに敵に走ったあの男にしても、まだまだお後に附き随っていたことでしょう。
アントニー　誰だ、けさがた逃げた奴というのは？
兵士　誰かと！　常にお傍を離れずにいた男のこと。呼んでごらんになるがよい、エノバーバスと。お声の聞える所にはおりますまい、それともシーザーの陣中から答えがあるかもしれませぬ、「あなたの家来ではない」と。
アントニー　何を言うのだ？
兵士　申しあげましょう、あの男は今シーザーの下におります。
エロス　それが、家財、手廻品、何一つ持って行きませんでした。

アントニー　行ってしまったのか？

兵士　間違いございますまい。

アントニー　さあ、エロス、あの男の持物を後から送り届けてやるのだ、そうしてやれ、一物も残すな、きっとだぞ。手紙を附けてやれ――おれが署名をする――達者で暮せとな。それに、主人を変えねばならぬようなはめに、生涯二度と追込まれるなと言い添えておいてくれ。ああ、おれの非運が忠実な兵どもを不義に陥（おとしい）れてゆく！　早くしろ。エノバーバス！（一同退場）

31

〔第四幕　第六場〕

トランペットの音。シーザーがアグリッパ、エノバーバス、その他と共に急ぎ登場。

シーザー　直ぐ掛れ、アグリッパ、戦闘開始だ。おれの望みはアントニーを生きながら捕えることだ、その旨、全軍に知らせておけ。

アグリッパ　シーザー、承知いたしました。（退場）

シーザー　世界に平和の訪れる時が近づいた。きょうこそ幸ある日とせねばならぬ、そうすれば、世界は到るところオリーヴを飾りたてて、それを寿（ことほ）ぐであろう。

使者登場。

使者　アントニーみずから戦場に姿を現わしてございます。

シーザー　アグリッパに命令を伝えてくれ、寝返り打った連中に先陣を勤めさせるのだ、アントニーめわれとわが身に怒りの雨を降らせるようなことにもなろう。（使者と共に退場、エノバーバス一人が残る）

エノバーバス　アレクサスも寝返りを打った、それもアントニーの命でユダヤに使した時のことだ、その地でヘロデ大王に会い、シーザーの傘下(さんか)に入って主人のアントニーを見棄てるようにと勧めたのだ。その骨折賃にシーザーは奴を縛り首にした。カニディアス一派も逃げて迎え入れられはしたものの、信頼されているわけではない。おれのやったことは間違いだった、その呵責(かしゃく)の念に悩まされ、おれは生涯、楽しむことを知らずに過すのだ。

シーザー方の一兵士が登場。

兵士　エノバーバス、アントニーが持物を送ってよこしたぞ、それに、おまけが大分附いている。使者が見張りのおれの所へやって来たのだ、今、貴様のテントの前で騾馬(らば)から荷を降ろしているところだ。

エノバーバス　そいつはお前に遣(や)る。

兵士　冗談を言うな、エノバーバス、本当の話なのだ。せめて使いの者を身方の守備隊から連れ出してやることだ。おれには勤めがある、さもなければ、おれがそうしてやりたいのだが。貴様の大将はさすがに今もなおジュピターだな。（退場）

エノバーバス　おれはどこまで悪党なのだ、つくづくそう思う。おお、アントニー、尽きることのない寛大の泉、忠実に勤めを果したら、この上どう酬いてくれようというのか、この卑劣な振まいに黄金の雨を注ぐとは！　胸が張裂けそうだ。悲しみが早くそれを打ち破ってくれねば、手取早くその先を越して形を附けてやるだけだ、が、悲しみだけで事は済みそうだな。アントニー、刃向いなど、どうしておれに出来よう！　いっそ、どこか溝でも探して、溺れ死んだほうがましだ。穢れた所ほど、僅かに残ったおれの命にふさわしい。（退場）

〔第四幕　第七場〕

32

警鐘。太鼓とトランペット。アグリッパが部下の将兵と共に登場。

アグリッパ　退却だ、深入りし過ぎたぞ。シーザーも苦戦している、これほど抵抗が強いとは思ってもみなかった。（一同退場）

警鐘。アントニーと負傷したスケアラスが登場。

スケアラス　おお、お見事です、これでこそ戦ったと言える！　始めからこの調子でゆけば、敵の奴らはことごとく頭に繃帯巻いて逃げ帰ったことでしょう。

アントニー　出血が大分ひどいぞ。

スケアラス　この傷も始めはTの字形でした、それが大きくなって、これ、このとおりHになりました。（遠くに退却のトランペット）

アントニー　敵が退くぞ。

スケアラス　肥溜めに叩きこんでやる。この体にもまだかすり傷六つ分位の空きはあります。

エロス登場。

エロス　敵の敗北です、この機に乗ずれば、勝利は完全にこちらのものになりましょう。

スケアラス　後ろから一太刀浴びせかけ、一人一人、兎よろしく首根子を押えて摑まえろ。逃げる奴らを斬りまくるのも一興だ。

アントニー　取りあえず褒美を遣ろう、おれの心を引立ててくれたからだ、そのいさおしにはいずれ十倍の賞を取らせる。さあ、来い。

スケアラス　跛とはいえ、ともかくお伴いたしましょう。（一同退場）

〔第四幕　第八場〕

33

警鐘。アントニーがスケアラス、その他の将兵を引連れ、太鼓、トランペットの音と共に、凱旋の態にて引揚げて来る。

アントニー　本陣に叩き込んでやったぞ。先触れを立てて、女王に身方の手柄を知らせてやれ。あすは日の昇らぬうち、きょう助かった奴らに存分血を流させてくれよう。皆に礼を言う、実に強い、よくやってくれた、それも、単なる義務感からではなく、銘々わが事のように戦ってくれたからな。一人一人が勇将ヘクトルの再来かと思われたぞ。さあ、城内に入り、妻や友を抱きしめ、きょうの手柄を話してやるがよい、聴く者は嬉し涙をもってお前たちの血のこごりを洗い流し、口づけによって名誉の傷口を清め癒してくれるであろう。

クレオパトラが使者に伴われて登場。

アントニー　（スケアラスに）お前の手を。この妖精の女王にお前の殊勲を披露し、手ずから感謝の祝福を授けてもらおう。おお、この世の光、さあ、その腕をこの鎧の首に巻きつけてくれ、その姿のまま、剣も弾ね返す硬い鋼を通して、おれの胸に飛込んで来い、そうしてこの弾み喘ぐ心臓を見事乗りこなしてみろ！

クレオパトラ　王の王、並ぶ者なき勇者、この世の大罠を免れ、晴れやかに笑いを浮べてお戻りに？

アントニー　わが夜鳴鶯殿、敵の奴らはことごとく寝床に叩き込んでくれたぞ。それ、見ろ！こうして黒髪に白いものが混じってきたとはいえ、このとおり脳味噌がある以上、まだまだ体力を養い、若い者と互角に勝敗を争うことも出来る。この男を見てくれ、頼む、特別の恩寵だ、あなたの手に口づけを。さあ、手を取れ、勇士殿。この男のきょうの働きは、神が人類を憎み給い、ほしいままに暴れ狂うたら、かくやと思うばかりの凄まじさだったぞ。

クレオパトラ　お前に黄金の鎧を取らせよう、ある国王の持物だったけれど。

アントニー　それを貰う値打ちはある、たとえ日の神の車のように紅玉を鏤めてあろうとも。さあ、手をくれ。アレクサンドリアの町中を陽気に行進するのだ、皆、持主同様痕だらけの楯を抱えて行くがよい。宮殿がこの大軍を入れうるほど広かったら、一同夜食を共にし国運を賭けたあすの戦のために大杯を傾けたいのだが。おい喇叭手、その喨々たる高音に城内の人々の耳を突刺し、軍鼓の轟きを縫って響くほどに吹鳴らすのだ、そうすれば、天地もたがいにこだましあい、われらの凱旋を賞で寿ぐであろう。（一同、城内に向って行進しつつ退場）

34

〔第四幕 第九場〕

番兵の一隊が登場。エノバーバスが暗然たる面持にて続く。

番兵長　この時間内に交代してくれないようだと、こちらから詰所に戻らなければならない。今夜は明るいな、何でも朝の二時までに位置につけという話だ。

第一の番兵　きょうというきょうは全くひどい目に遭(あ)った。

エノバーバス　おお、夜に証人になってもらおう――

第二の番兵　何者だ、あれは？

第一の番兵　隠れろ、何を言うか聞け。（番兵たちは片隅に寄る）

エノバーバス　月よ、おれの証人になってくれ、裏切者はその憎むべき名を記録にとどめられようが、このエノバーバスはお前の前で確かに悔いていたと！

番兵長　エノバーバスだ！

第二の番兵　静かに！　先を聞け。

エノバーバス　おお、人の悩みを支配する女王、毒気を含んだ夜露をこの五体に注ぎかけ、おれの心に背(そむ)いてまで纏(まつ)わりつく命の緒を絶ってくれ。この心臓を石のごとく硬いおれの罪の上に叩きつけてくれ、もう悲しみに涙を絞り取られ、すっかり干からびてしまったおれの心臓のことだ、たちまち粉微塵に砕け散り、邪な思いもすべて跡方なく消え失せてしまうだろう。おお、アントニー、忌わしいおれの二心に較べて、何と気高い心の持主か、おれを許してくれ、せめてあなただけでも。世間はおれの名を主を見棄てた逃亡者として記録にとどめるがよい。おお、アントニー！　おお、アントニー！（死ぬ）

第一の番兵　話をしてみよう。

番兵長　あれの言い分も聞いてみよう、シーザーに関係のあることを話すかもしれない。

第二の番兵　そうしよう。だが、眠っているらしい。

番兵長　気絶だろう、寝る前のお祈りにしては、気がきかな過ぎたからな。

第一の番兵　傍へ行ってみよう。

第二の番兵　起きてください、もしもし、起きてください、さあ、何か口をきかないか。

第一の番兵　聞えますか？

番兵長　死神に摑まってしまったらしい。（遠くで太鼓の音）あれを！　太鼓の音が兵どもを静かに眠りから呼び醒す。この男は詰所に運んで行こう。とにかく名のある人物だからな。もう見張りの時間も終った。

第二の番兵　では、そうしよう、まだ生返るかもしれないぞ。（一同、死骸を運び去る）

35

〔第四幕 第十場〕

アントニーとスケアラスが部下の将兵と共に登場。

アントニー 敵方はきょうは海で戦うつもりらしい、陸から仕掛けたのではお気に召すまい。

スケアラス 水陸両戦の構えで参りましょう。

アントニー いっそ火の中、空の上から攻めてくれればよい、どこであろうと応じてやる。だが、実情はこうだ、歩兵の一隊が町に続く山地でおれの行くのを待つことになっている。海上部隊には既に指図を与えてある、今頃は港を出ているはずだ。あそこからなら、作戦も一望のもとに見渡せるし、奮戦ぶりも十分眺められるだろう。(一同進軍しつつ退場)

36

〔第四幕 第十一場〕

シーザーが部下の将兵と共に登場。

シーザー 攻めて来ぬ以上、陸の方は静観することにしよう、どうやら、それで済みそうだ、敵は精鋭を海の方に注ぎ込んでいる。低地に兵を進めろ、一番有利な場所に陣を取るのだ。（一同、アントニーと反対の方向に進軍しつつ退場）

〔第四幕　第十二場〕

37

アレクサンドリアに続く山地
アントニーとスケアラスが登場。

アントニー　まだおたがいにぶつかりあっていないな。あの松の木の所へ行けば、全体がよく見えるだろう。様子は直ぐ知らせに来るからな。（上の方に行く）

間もなく遠くで警鐘が鳴り、海戦が始まった様子。

スケアラス　燕がクレオパトラの帆に巣を掛けた。占師は、知らぬ、訳が解らぬと言う、顔を曇らせて、知ってはいてもあえて語らぬつもりらしい。アントニーは時に勇猛果敢かと思うと、時に全く意気沮喪し、転変極まりない運命の骰子の目に気を取られ、その度毎の得失に望みをかけたり悩んだりしている。

アントニーが戻って来る。

アントニー　何も彼も終りだ！　あのいかさまのエジプト女がおれを裏切ったのだ。身方の艦隊は敵に降伏し、沖ではたがいに帽子を投げあい、長く会わなかった仲間同士のように祝杯を挙げている。三たび男を変えた尻軽女郎め！　貴様だぞ、おれをあの青二才に売り渡したのは、そうだ、憎いのは貴様だけだ。逃げたければ、皆、勝手に逃げるがよい！　おれの心を惑わすあの魔女に復讐しさえすれば、後はどうでもよいのだ。逃げたい奴は勝手に逃げろ、行ってしまえ！（スケアラスが出て行く）おお、日よ、おれはお前の昇るのを二度と見ることはあるまい。運命とアントニーとはここで別れるのだ、今ここでたがいに別れの握手を交わすのだ！　すべてはこうなる定めだったのか？　スパニエル犬のようにうるさくおれに附纏っていた輩が、望むがままに与えてきた奴らが、飴のように心を溶かし、その甘言の滴りを、今を盛りのシーザーに注ぎかけている。かつては奴らの頭上に高く蔽いかぶさっていたこの松も、とうとう生皮を剝がされてしまった。裏切られたのだ、おれは。おお、よくも人をたぶらかしたな、エジプト女め！　あの恐ろしい魔女、その目ばたきがおれの兵どもを狩出しもし、また呼戻しもしたのだ、その胸こそおれの王冠でもあり、生き甲斐でもあったのだ、そこらのジプシー女よろしく小手先の手品でおれの目をごまかし、まんまとこの心を盗んだのだ。おい、エロス、エロス！

クレオパトラが登場。

アントニー　ああ、魔法使め！　行ってしまえ！

クレオパトラ　愛する者をなぜそう憎々しげに？

アントニー　消え失せろ、さもないと恐ろしいことになるぞ、シーザーの凱旋の飾り物が消えて無くなるのだ。さあ、奴に連れて行ってもらえ、歓呼の声を挙げて迎える平民どもの前で胴揚げしてもらうがよい。奴の戦車の後から、我こそは女の面汚しとばかりに、のろのろ附いて行くのだ。珍無類の化物よと取るに足らぬ小者を喜ばせ、小銭稼ぎの見せ物になるがよい、そうして、きょうまで堪え忍んできたオクテイヴィアの鋭く磨いた爪の先を、存分その顔に受けるがよい。（クレオパトラ退場）よし、行きたければ行け、生きて甲斐あるものならばな。だが、むしろおれの憤りに焼き殺されたほうが、まだましであろう、一度死ねば、今後幾度も死ぬ程の思いを重ねずに済むというものだ。おい、エロス！　ネッソスの血を塗り込んだ肌着がおれの肉に食い入る。教えてくれ、ヘラクレス、貴様の子孫のこのおれに、貴様の怒りを。使いのリカスを月の高みに投げあげた憤怒をこの身に授けてくれ、そうして世界で一番重い棒を握った貴様の手で、貴様と同じ地上の勇者のこのおれを打殺してくれ……あの魔女、生かしてはおかぬ。ローマの若僧に、よくもおれを売ったな、おれはその罠にまんまと引掛ってしまった。死をもって償いをさせてやる。おい、エロス！（猛り狂って退場）

〔第四幕　第十三場〕

38

アレクサンドリア、クレオパトラの宮殿

クレオパトラ、カーミアン、アイアラス、マーディアンが登場。

クレオパトラ　私を助けておくれ！　ああ、あの方は褒美の楯を貰いそこなって狂ったテラモンも及ばぬ、恨みのダイアナが送ってよこしたテッサリアの猪にしても、あれほど猛り狂いはしなかったろう。

カーミアン　どうぞ御廟へ！　錠を下ろしてお籠りになり、女王はお亡くなりあそばしたと、使者をお遣わしになっては。魂が体を離れる時の苦しみも、覇者がその権力を失う時のそれに較べれば、まだしもと申します。

クレオパトラ　行こう、御廟へ！　マーディアン、行って、あのお方に、私はみずから死んだと伝えておくれ、「アントニー」と、それが最後の言葉だったと、それも悲しげに言うのだよ。早く、マーディアン、帰って来たら、直ぐ知らせておくれ、私が死んだと聞いて、あの方がどのような顔をお見せになったか。さ、行こう、御廟へ！　（一同退場）

〔第四幕 第十四場〕

39

アントニーとエロスが登場。

アントニー　エロス、お前にはまだおれがおれに見えるか?

エロス　はい。

アントニー　雲を見ていて、時にはそれが竜の形に見えることがある、その同じ塊(かたまり)が時にはまた熊にも獅子(しし)にも見えてくる、聳(そび)え立つ砦(とりで)、落ちかかる巌(いわお)、峨々(がが)たる尾根のうねり、樹々に蔽(おお)われた岬(みさき)の青と、その時々に形を変えて下界を見おろし、大気を隔てて人の目を欺く。お前もそれを見たことがあろう、皆、暮れそめるたそがれ時の絵巻物なのだ。

エロス　はい。

アントニー　今、馬かと見えたものが、見る見るうちに風に吹き消され、水に混じった水のように、それと見分けがつかなくなってしまう。

エロス　はい、本当に。

アントニー　なあ、エロス、今のお前の主人が正(まさ)しくそれだ。このとおり、おれはアントニーだ、だが、この姿をいつまでも保っていることが出来ないのだ。おれが戦(いくさ)をしたのはエジプト女王のためだった、それを女王は――あれの心はおれのものとばかり、そうではないか、あれにはおれの心を預けてあったのだから、そのおれの心がおれのものであった間は、万人の心を摑んでいたおれが、今はそれもすっかり失って――あの女は、エロス、シーザーとぐるになって札をごまかし、おれの栄誉を巧みに搦めとり、それを根こそぎ敵に捲きあげさせたのだ。泣くな、エロス、そういう男にもまだ残っているものがある、己れに形を附けるための己れがな。

マーディアンが登場。

アントニー　おお、卑劣な女だ、貴様の主人は！　おれの剣を盗み取ったのだ。

マーディアン　いいえ、アントニー様、主人は心からあなた様をお慕い申しあげ、最後まで御運を共にしておいででございました。

アントニー　行ってしまえ、無礼だぞ、宦官め、黙れ！　あの女はおれを裏切った、死なねばならぬのだ。

マーディアン　死は一人に一度しか訪れませぬ、その務めを既に女王はお果しになりました。万事、お望みどおりに運ばれたわけでございます。最後にお洩らしになったお言葉は「アントニー様！　アントニー様！」とばかり、やがてそれが引裂くような呻き声に中断され、お名前の後先が胸と口とに分たれたまま、ついに女王はお果てになりました、つまり、お名前は女王のお身内に埋められたわけでございます。

アントニー　死んだというのか？

マーディアン　お亡くなりになりました。

アントニー　鎧を脱がせてくれ、エロス、長い一日の仕事が終った、眠りにつかなければならぬ。(マーディアンに) 無事に帰れることを、何よりの礼と思え。行け。(マーディアン退場) はずしてくれ、さ、早くはずすのだ！　テラモンの七重の楯も、この心臓の張裂けるのを、押えて押え切れるものか。おお、脇腹も裂けてしまうがいい！　おれの心臓、きょうだけはお前を守るこの肉よりも強くなって脆い胸板を打割ってくれ！　早く、エロス、早くしてくれ！(エロス鎧を脱がせ終る) もう武人ではない。疵だらけなこの鎧、さあ、お別れだ、きょうまでよくぞ役に立ってくれた。(エロスに) 暫く向うへ行っていてくれ。(エロス退場) 直ぐ追附くぞ、クレオパトラ、泣いて許しを乞おう。それしか無い、この上は生き永らえても苦しみあるのみだ。松明の火は消えてしまった、おとなしく横になるがよい、当てどなくさまような。足掻けば足掻くほど、事を悪くするばかりだ、そうだ、力を振絞って、さらに力の源を涸らすようなものではないか。それよりは取引に決着をつけてしまおう、それで何も彼も終るのだ。エロス！——直ぐ行くぞ、女王。エロス！——待っていてくれ。魂が花びらの上に憩うという天国へ行って、二人で手をつないで、陽気に振るまって、他の幽霊たちの目を見張らせてやるのだ。ダイドーとイーニアスに纏わり附いていた幽霊たちも、やがてその傍を離れて、我々二人の周りに慕い寄って来るだろう。おい、エロス、エロス！

エロスが二たび登場。

エロス　何か御用でございますか？

アントニー　クレオパトラが死んだとなれば、今こうして生きているのも恥さらしだ、そういうおれの陋劣を神々はお憎しみあるに相違ない。おれは、そうだ、この剣をもって思いのままに世界を截断し、緑の大海原に大船団の都を築いた男が、婦女子の勇気すら無いとなったら、どうしてそういう己れを許せよう――そうではないか、みずから死んでシーザーに「このとおり自分を征服した」と言ってのけられるあの女に遠く及ばぬ心の持主だということになる。エロス、かつて誓ってくれたな、いざという時には、そうだ、今こそそうなのだが、堪えがたい屈辱に追込まれ、身動き出来なくなった時には、おれの命じるまま、きっとおれを殺してくれると。さあ、やれ、その時が来たのだ。おれを突くのではない、相手はシーザーだ、奴の裏を掻くのだ。顔色を変えるな。

エロス　何をおっしゃいます！　どうして私に出来ましょう。敵のパルティア人すら、覘って、ついに射とめられなかったお方を？

アントニー　エロス、お前はローマに行って、どこかの窓から眺めたいというのか、主人がこうして腕を組み、悄然とうなだれ、身に食い入る辱しめにじっと面をさらしているのを？　その前には勝ち誇ったシーザーの戦車が行き、後から附いて行く男のみじめな姿をことさら際立ててくれる、そんな光景が見たいのか？

エロス　見たくはありませぬ。

アントニー　さあ、それなら。傷を受ければ、おれは癒えるのだ。その忠義の剣を抜け、きょうまで国のために役立ててきたお前の剣を。

エロス　ああ、それだけはお許し下さいまし！

アントニー　お前を自由の身にしてやった時、命じられれば、いつでもそうすると誓ったはずではないか？　さあ、今直ぐ、さもなければ、きょうまでの忠節も何の気なしの気紛れとしか思えぬ。抜け、突いて来い。

エロス　それなら、どうぞお顔を見せないで下さいまし、世界中の人々が仰ぎ見たそのお顔を。

アントニー　（顔をそむけ）それ、さあ！

エロス　剣は抜きました。

アントニー　それなら直ぐに果すがよい、そうして抜いた目的を。

エロス　私にとっては主人でもあり、将でもあり、皇帝でもあるお方、どうしてもそのような酷いことをと仰せならば、その前に一言、お別れの言葉を。

アントニー　よく言った――では、元気で暮せ。

エロス　これでお別れでございます。よろしゅうございますか？

アントニー　さあ、いつでも、エロス。

エロス　では、このとおり。こうしておれはアントニーの死を見る悲しみから逃れるのだ。（自分を刺す）

アントニー　見事だ、おれは足もとにも及ばぬ！　お前はおれに教えてくれたのだ、おお、エロス、おれのなすべきことを、そしてお前には出来なかったことを。女王とエロスはおれに勇気を教え、おれに代ってその名を記録に留めえたのだ。が、おれも死んで花婿になる、恋人の閨に向うがごとく死の国に急ごう。さあ、行け、エロス、お前の主人はお前を師として死ぬのだ。こうしろと（剣に伏す）、お前は教えてくれた。ええい！　死なぬのか？　まだ死なぬのか？　衛兵！　おお、早く留めを！

ダーセタスと衛兵たちが登場。

第一の衛兵　何だ、あの声は？

アントニー　不覚を取ったのだ。おお、形を附けてくれ、おれの手を附けた仕事に。

第二の衛兵　星が落ちた。

第一の衛兵　世の終りが来たのだ。

一同　ああ、何ということだ！

アントニー　おれを愛する者はおれを斬れ。

第一の衛兵　おれには出来ない。

第二の衛兵　おれにも出来ない。
第三の衛兵　誰にも出来はしない。（衛兵一同逃げ去る）
ダーセタス　大将が左前の死にそこない、家来が逃げるは当り前。この剣をシーザーに見せ、委細報告に及べば、喜んで迎え入れてくれるだろう。

ダーセタスが出て行こうとするところへ、ダイオミーディーズが登場。

ダイオミーディーズ　アントニーは？
ダーセタス　（アントニーの剣を外套の下に隠し）あそこだ、ダイオミード、直ぐそこに。
ダイオミーディーズ　生きておいでか？　なぜ返事をしないのだ？　（ダーセタス、そっと逃げ去る）
アントニー　そこにいたのか、ダイオミード？　剣を抜いて、おれに死の一撃を与えてくれ。
ダイオミーディーズ　アントニー様、女王クレオパトラのお使いで参りました。
アントニー　あれがいつお前を？
ダイオミーディーズ　たった今、アントニー様。
アントニー　どこにいるのだ、あれは？
ダイオミーディーズ　御廟の内に身をお隠しになって。でも虫の知らせか、このような事になりはせぬかと、大層心配しておいでございました。それと申しますのも、最初、女王は——いえ、全く根も葉も無いことなのでございますが——シーザーとよろしく通じていたとのお疑いに、そのお怒りも当分解けそうもないと思召しになって、御自分がお亡くなりになったというお使いを差しあげたからでございます。が、直ぐその結果が恐ろしくおなりになって、私に、ありのままをお知らせするようとの御命令でございました、それが遅すぎたように。

アントニー　遅かった、ダイオミード。おれの衛兵を呼んでくれ。

ダイオミーディーズ　おい、衛兵はいないか！　衛兵、おおい！　アントニー様がお呼びだ。

　アントニー附の衛兵が四、五人登場。

アントニー　おれを担いで行け、クレオパトラのいる所へ、これがおれの最後の命令だ。

第一の衛兵　何ということを、日頃おためを思っている家来どもを後に残したまま、先に行ってしまおうとおっしゃる。

一同　これほど辛いことが！

アントニー　もうよい、意地の悪い運命の女神に悲しみの涙を施して、これ以上つけあがらせることはない。おれたちを苦しめに来るものを快く迎えてやれ、それに平然と堪えている風を見せて、逆にそいつを苦しめてやるのだ。さあ、担いで行ってくれ。今まではおれがお前たちを導いてきた、今度はお前たちが導く番だ、そうしてくれれば、皆に礼を言うぞ。（一同、楯の上にアントニーを載せて退場）

〔第四幕　第十五場〕

40

アレクサンドリア、クレオパトラの廟(びょう)

方形、石造の建物、平らな屋根。外壁の中央の通路は厳重な格子(こうし)に遮(さえぎ)られている。
クレオパトラ、カーミアン、アイアラス、その他の侍女たちが屋内から屋上に通じる階段を登って姿を現わす。

クレオパトラ　おお、カーミアン、私はもうここから一歩も出ない。

カーミアン　どうぞ元気をお出し下さいまし。

クレオパトラ　いいえ、決して外へは出ません。どのように思いもかけぬ恐ろしいことが起ろうと、喜んで迎えましょう、でも、誰が元気など出すものか。悲しみの大いさは、そのいわれと釣合うべきもの、それを引起した事柄と同じ大いさをもたねばならぬ。

ダイオミーディーズが下に登場。

クレオパトラ　おお、お前か！　あの方がお亡くなりにでも？

ダイオミーディーズ　瀕死(ひんし)の御状態ではありますが、まだ御存命にございます。御廟の向う側を御覧下さいまし（指差す）、お附きの衛兵がアントニー様をこちらへ。

衛兵に担がれて、アントニーが登場。

クレオパトラ　おお、日よ、お前の経廻るその大きな軌道を焼切っておしまい！　そうして、地上は隈なく闇に鎖されてしまうがよい。おお、アントニー、アントニー、アントニー！　手を貸しておくれ、カーミアン、手を貸して、アイアラス、手を。さあ、手を貸しておくれ、下にいる皆も、一緒になってアントニーをここへ引揚げておくれ。

アントニー　静かにしてくれ！　決してシーザーの勇気がアントニーを倒したのではない、アントニーの勇気がみずからに打勝ったのだ。

クレオパトラ　決っております、アントニー以外の誰がアントニーを制しえましょう、でも、その悲しみに変りはない！

アントニー　おれは直ぐ死ぬのだ、エジプトの女王、もう直ぐに。ただ暫しの猶予を、死の神に頼む、きょうまで交わしてきたあまたたびの口づけの、悲しい最後の印を、そのお前の唇の上に残してゆきたいのだ。

クレオパトラ　それが私には出来ない、アントニー、許して。この扉を開ける訳にはゆかない、摑まってしまうのだもの。勝ち誇ったシーザーの凱旋の見せ物に、どうしてこの身がさらせよう、匕首には刃が、薬には効き目が、そして毒蛇には牙があるというのに。私は大丈夫、奥様のオクテイヴィアが慎み深い目で、見透すような冷たい一瞥をくれようと、それで負けるような私ではありません。でも、ここへ、早く、アントニー——手を貸しておくれ、皆——あなたをここへ引揚げなくては。手伝っておくれ、さあ。（綱が降ろされ、アントニーの楯に結び附けられる）

アントニー　おお、早くしてくれ、もう長くは保たぬ。（一同、綱を引始める）

クレオパトラ　面白いこと！　これほど重いとは思わなかった！　その上、悲しみの重荷が加わり、全身の力が抜けてしまったのだ、それでなおのこと重いのかもしれぬ。もしも私にジューノーの権力があったなら、逞しい翼をした使神マーキュリーに言いつけて、あなたを引揚げさせ、ジュピターの隣に坐って戴いたことでしょう。でも、せめて、もう少しこちらへ——あだな高望みは愚か者の常——おお、こちらの方へ、ここへ、ここへ。（アントニーの体がクレオパトラの傍へ引揚げられる）よく、まあ！　待っておりました！　まだ死んではなりませぬ、さあ、この口づけを命の泉に。私の唇にそれだけの力があるのなら、こうして幾度でもそれが涸れ萎むまで。（二人接吻する）

一同　ああ、お気の毒な。

アントニー　おれは直ぐ死ぬのだ、エジプトの女王、もう直ぐに。酒をくれ、少し話がしたいのだ。

クレオパトラ　いいえ、話は私に。思う存分罵ってやりたい、あの浮気であばずれの運命神め、私にさんざん毒づかれて、すっかり腹を立てて、あげくの果てに、その運を操る大事な糸車を我と我が手に打毀してしまうほどに。

アントニー　ただ一言、女王。シーザーに乞うがよい、その身の名誉を、そして一身の安全を。おお！

クレオパトラ　それを二つながら生かすことは適いませぬ。

アントニー　まあ、聴け。シーザーの周囲にはプロキュリーアスのほか信ずるに足る者はいない。

クレオパトラ　みずからの覚悟と手と、それのみを信じましょう、シーザーの周囲に誰がおろうと構いませぬ。

アントニー　みじめな末路がとうとうこの身にも、いや、それを歎き悲しんでくれるな。いっそ、かつての華やかなりし日々の想い出に、その心を慰めるがよい……その頃のおれは世界最高の君主、こよなき……今さら何でさもしい死に様を晒そうものか、同胞に兜を脱いで見せるような卑怯なまねをするものか……ローマの男がローマの男に雄々しく挑んで敗れたまでのこと。魂が、今おれの体を去ろうとしている、もう何も言えぬ。

クレオパトラ　衆に秀れ、こよなき人と崇められたあなた、それが死ぬというのか？　この身はうとましいこの世に一人、お前の逝ってしまった後では、豚小屋にも等しいこの世に生きながらえねばならぬのか？　（アントニー死す）この世の王冠が溶けて無くなってしまった。アントニー！　戦を飾る花輪が萎み、武人の柱が倒れてしまった。年端もゆかぬ男女が大人と肩を並べ、物のけじめは失われ、廻り来る月の下には、何一つ際立ったものが無くなってしまったのだ。

カーミアン　おお、お気をお鎮めになって下さいまし、女王様！（クレオパトラ気を失う）
アイアラス　とうとう女王様まで。
カーミアン　女王様！
アイアラス　女王様！
カーミアン　おお、女王様、女王様、女王様！
アイアラス　エジプトの女王、お妃様！（クレオパトラ身動きする）
カーミアン　静かに、アイアラス！
クレオパトラ　もうただの女でしかない、私を動かしているのは、乳絞りの小娘、下働きの端女と同じあわれな情熱だけ。この上は私の笏を邪悪な神々の面に投げつけ、はっきりこう言ってやりたい、あなた方が私の宝石を盗み取ってしまうまでは、この下界もあなた方神々の世界と同じだったのだと。それが何も彼もだめになってしまった、耐え忍ぶなど愚かなこと、かといって忍耐を破るのは気違い犬にもひとしい。それならどうして罪と言えよう、死の迎えが来ぬうちに、あえて我から死の家の秘密の扉を開け放っても？　どうしたというのだ、お前たち？　何もそれほど！　元気をお出し！　まあ、お前まで、カーミアン！　皆、しっかりおし！　ああ、これ、御覧、これを、燈火が燃え尽きたのだよ、消えてしまったのだよ！　さあ、皆、気を取直しておくれ、御遺骸を地に埋めよう。それが終ったら、いさぎよく、立派に、ローマ人の流儀に随って事を運び、私たちを待受けている死神に恥を掻かせぬようにしてやろうではないか。さあ、行こう。

あの偉大な魂を納めていた器も、とうとう冷たくなってしまった。ああ、皆！ もう私たちには一人の身方もいないのだよ、残っているのは覚悟と、早ければ早いほどよい最期だけ。（一同、アントニーの遺骸を担いで退場）

41

〔第五幕 第一場〕

アレクサンドリア、シーザーの陣営

シーザーがアグリッパ、ドラベラ、メーシナス、ギャラス、プロキュリーアス、および軍事会議員の一団を伴って登場。

シーザー 使者を頼む、ドラベラ、奴に降伏しろと伝えてくれ。敗(ま)けた以上、いつまでも煮え切らずにいるのは見苦しいと言ってやれ。

ドラベラ は、畏(かしこま)りました。（退場）

ダーセタスがアントニーの剣を手に登場。

シーザー それでどうしようと言うのか？ 無法にも程がある、そのようなものを引きさげ、いきなり飛込んで来るとは、どこの何者だ？

ダーセタス　ダーセタスと申す者にございます。マーク・アントニーに仕えておりました、主として仕えるに甲斐あることよなき人物と存じます。お命のある限り、私にとっては主、その敵と戦って磨り減らすため、この身を持して参りました。もしお取立ていただけますなら、あのお方に対すると同様、これからはシーザーに。もしお心に適わぬとあらば、この命を召されるよう。

シーザー　どういう意味だ、それは？

ダーセタス　と申しますのは、おお、シーザー、アントニーはもはやこの世におりませぬ。

シーザー　あれほどの大人物が倒れたというのに、それにしては地響きがしなさすぎるな。この丸い大地が大揺れに揺れて、獅子が平和な都に抛り出され、都の住民どもが逆に獅子の洞穴に投げ込まれる程の騒ぎになってもよさそうだが。アントニーの死はあの男一人の運命たるに留まらぬ。その名に世界の半ばが懸っているのだ。

ダーセタス　そのお方はもはやこの世におりませぬ、シーザー、もちろん、法の名による死刑、傭われ仕事の暗殺などに関わりはございませぬ、御自分の、それも数々のいさおしを打ちたて、またその誉れを書き記しもした御手を、心臓から迸り出た勇気に委ね、他ならぬその心臓をみずから突刺したのでございます。これがその剣、傷口から直かに抜取ってまいりました。御覧下さいまし、このとおりあのお方の尊い血粘が。

シーザー　悲しいか、皆も？　この悲報には、王たる者も目を濡らさずにはおられまい。

アグリッパ　それに、おかしなことです、宿願が達せられたというのに、それを歎かずにいられないというのは。

メーシナス　弱点と美徳とがたがいに鬩ぎ合っているような男だった。

アグリッパ　全人類の指導者として、あれほど秀れた資質をもった男はかつて無かった。神々は、我々をあくまで人間に留めておこうとして、何かしら欠点を与えるのだ。シーザーも心を打たれたと見える。

メーシナス　目の前に大きな鏡を突きつけられたようなものだ、シーザーといえどもそこに己れを見ぬ訳にもゆくまい。

シーザー　おお、アントニー！　ここまで追詰めたのはおれだ。だが、病毒を取除くためとあらば、人間、時に己れの肉体すら、裂き傷つけもする。おれとしては、どうでも貴様を落日の窮地に追いやるほかは無かったのだ、さもなければ、おれの方がその憂き目を見る、我ら二人は所詮、和して並び立つことの出来ぬ宿命だったのだ。それはそれとして、心臓の血にも等しい貴い涙を注ぎ、心から哀悼の意を表したい、この身にとっては兄弟同様、世界経営に与る最高の好敵手、帝国統治の協力者、戦場にあっては常に身方として友として共に戦い、あるいはこの身の片腕ともなり、あるいはその胸の火をこの胸に移し燈してくれたアントニーであったが、ついに融け合わぬ二人の星がたがいの提携を破り、この破局を招いたことを惜しむ。この上は、よいか、皆――

一人のエジプト人が登場。

シーザー　いや、いずれ折を見て話すことにしよう。いかにも用ありげな顔つきだ、話を聴こう。どこから来たのだ？

エジプト人　みじめなエジプトから参りました、ただ主人女王には、今は唯一の御持物たる御廟にお籠りになり、御指図さえ賜わりますれば、それこそ身の定めと観じ喜んでお随い申すとのことにございます。

シーザー　心を安んずるように伝えてくれ。委細はいずれ使者をもって知らせる、出来うる限り、その立場を考え、情を汲んで、事を決するつもりだ。シーザーともあれば、酷いまねは出来ぬからな。

エジプト人　では、神々の祝福が御身の上に！（礼をして退場）

シーザー　おい、プロキュリーアス。使者を頼む、辱しめを与える気は毛頭ないと伝えてくれ。どこまでも慰めてやるがよい、その苦しみの質にもよろうが、相手の求めるままにな。矜りの高い女として、何か取返しの附かぬことを仕出来し、こちらの裏を掻かれても困る。生きながらローマに連れ帰りさえすれば、我らの凱旋に史上永遠の記録を留めよう。行け、一刻も早く知らせてもらいたい、あの女が何と言うか、どうしているか。

プロキュリーアス　シーザー、仰せのとおりに。（退場）

シーザー　ギャラス、お前も一緒に行け。（ギャラス退場）ドラベラはどこか、プロキュリーアスの副使を命じてあったはずだが？

一同　ドラベラ！

シーザー　よい、放っておけ、忘れていたが、あれには別の用を言い附けてあったのだ、いずれ間に合うだろう。皆、おれの天幕へ来てくれぬか、心ならずも始めた戦の経緯、敵方に送る書面一つにしても専ら穏やかさを旨とした心配りの一部始終、ゆっくり話して聴かせよう。さあ、一緒に来い、その点に関する限り何でも証明してお目にかけよう。（一同退場）

42　〔第五幕　第二場〕

アレクサンドリア、クレオパトラの廟

クレオパトラ、カーミアン、アイアラス、マーディアンの姿が格子越しに見える。

クレオパトラ　この救いようのない寂しさこそ、仕合せの始まりなのだ。シーザーになるなど詰らぬこと、あの男は運命の女神ではなくて、その僕に過ぎぬ、何でもその意に随う手先でしかないのだ。偉大な事というのは、それをなしとげてしまえば、万事がお終いになる、その一事に賭けることではないか、そうして偶然を寄せつけず、転変を食い止める、深い眠りに身を委ね、乞食やシーザーを養う食べ物になど、もう二度と手を触れぬのだ。

プロキュリーアス登場。クレオパトラと格子越しに話を交わす。その間に、ギャラスと部下の兵士たちが登場、誰にも知られぬように外壁に梯子(はしご)を掛けて屋上に登り、そこから廟内に降りる。

プロキュリーアス　シーザーよりエジプト女王への御挨拶をお伝え申しあげます。正当の御要求ならば何なりと、とくとお考えの上、つぶさにお申出でいただくようにとのことでございます。

クレオパトラ　お名は何と言われる？

プロキュリーアス　プロキュリーアスと申します。

クレオパトラ　そのお名はアントニーから聞いております、あなたなら信じてよいと、でも、欺かれようとどうしようと、私は一向意に介しませぬ、もはや人を信じる要のない身なのだから。もしあなたの御主人が女王を乞食にしたいとお考えなら、こうお伝えになるがよい、女王には女王の権威がある、同じ物乞いをするにしても、せめて一王国を頂戴(ちょうだい)いたしたい、もしシーザーに、みずから征服なさったこのエジプトを、クレオパトラの子らに遣(つか)わそうとの思召(おぼしめ)しがおありなら、たとえそれが私のものであろうと、ただそれだけで膝まずいて御礼を申しあげると、そうお伝えになるように。

プロキュリーアス　お心を安んじられますよう。今、女王のお身の上を一手に握っておいでのお方は高貴な心の持主、お気遣(きづか)いには及びませぬ。万事、お心置きなくシーザーにお任せなさいまし、その溢れるばかりの仁徳は、それを求めるものすべての上に降り注がれましょう。女王にはシーザーに御帰順のお心と、その由、直ちにお伝えいたします、世には、膝まずいて求められれば、むしろその助けを乞うてまで温情を示さんと願う征服者のあることも、やがてお解りいただけましょう。

クレオパトラ　頼みます、こうお伝え下さいまし、今の私はシーザーの運命神に仕える家臣、その女神よりお受けになった大権とあれば、喜んでお手もとに差しあげます。時の刻みにともない、服従とは何かも徐々に解ってまいり、喜んで拝謁を賜わる機を得たいと願っております。

プロキュリーアス　その旨、必ずお伝え申しあげましょう。何とぞ、お心安らかに、辛いお立場は、その責任者たるシーザーの心より御同情申しあげるところにございます。

突然、格子戸が左右に開かれ、華麗な装飾を施した内部が見える。ギャラスとその部下たちがクレオパトラや侍女の背後に立っている。

ギャラス　御覧のとおり、甚だ簡単に驚かせる。シーザーのお出でになるまで女王の見張りを頼む。(退場)

アイアラス　女王様!

カーミアン　おお、クレオパトラ様! とうとう囚れの身に!

クレオパトラ　直ぐにも、この手で。(匕首を抜く)

プロキューリーアス　お待ちを、女王、なりませぬ。（女王の手を押え、匕首を奪う）みずからそのような御無法をなさるとは。これもお救い申しあげたいため、決して罠に掛けたのではございませぬ。

クレオパトラ　何、死ぬことも許されぬのか、犬さえ死んで苦しみを免れるのに？

プロキューリーアス　クレオパトラ様、御自身を滅して、シーザーの慈悲を無になさいますな。あの高貴なお心が世に行きわたるのを人々に見せてやらねばなりませぬ、御自害遊ばされては、それも叶わぬことになりましょう。

クレオパトラ　死の神はどこにいる？　早くここへ、早く！　今、直ぐに、そうして赤児や乞食より何層倍も甲斐のある女王を連れて行くがよい。

プロキューリーアス　まあ、お鎮まりを、女王！

クレオパトラ　お聴き、私はもう何も食べない、飲む物も飲まない――これ以上むだ口を強いられるくらいなら――そうだ、もう眠りもしない。いずれは朽ち果つるこの生身の館、みずから打毀してやる、シーザーに何が出来るものか。覚えておくがよい、この身としたことが、お前の主人の前に召出だされ、翼を縛られたまま、じっとおとなしくしておられるものか、面白おかしくもないオクテイヴィアの殊勝気な目なざしに責め苛まれるなど、とても我慢できない。いずれ、この身を担ぎ廻って見せ物にし、口穢なく喚き叫ぶローマの野次馬どもを楽しませてやろうというのであろう？　それよりは、このエジプトの溝を選ぶ、頼むから、この私の安らかな墓場となっておくれ！　むしろナイルの泥の上に裸のままこの身を投げ出し、群がる蠅に卵を生みつけさせて、見るも厭わしい姿に変えてしまうがよい！　いいえ、いっそ私の国の高いピラミッドを絞首台にして鎖で私を吊りあげておくれ！

プロキュリーアス　それでは好んで恐ろしい想いを掻きたてておいでとしか思われませぬ、いずれもシーザーの夢にも考えつかぬことばかりでございます。

ドラベラが登場。

ドラベラ　プロキュリーアス、結果はすべてシーザーのお耳に達している、直ぐ戻れとの仰せだ。女王は、おれがお預かりする。

プロキュリーアス　そうしてもらえるか、ドラベラ、おれとしても大いにありがたい。女王にはやさしくな。（クレオパトラに）シーザーに御希望をお伝え申しあげましょう、もし私に使者の役目をお命じ下さいますならば。

クレオパトラ　伝えるがよい、死なせてもらいたいと。（プロキュリーアス退場）

ドラベラ　お妃、私のことをお聞き及びでいらっしゃいましょうか？

クレオパトラ　覚えが無い。

ドラベラ　御存じのはずでございます。

クレオパトラ　気に掛けることはない、私が何を聞いていようと、知っていようと。女子供が夢の話をするのを聞けば、あなたは笑う、それがあなたの流儀というものではないか？

ドラベラ　仰せの意味が解りませぬ、女王。
クレオパトラ　私は夢を見ていたのだ、アントニーという帝王がいた。おお、もう一度あのように眠って、もう一度あのような人に会うてみたい！
ドラベラ　よろしかったら、お話し申しあげたいことが――
クレオパトラ　あの人の顔は大空のようだった、その中に日が懸り、月が懸っていて、それぞれの軌道を巡り続け、そうして、この小さなOの字型の地球を明るく照らし出していたのだ。
ドラベラ　女王に申しあげます――
クレオパトラ　あの人の脚は大海原にまたがり、高く上に伸びた腕は紋章の頂のとさかのように世界を飾っていた。あの人の声には、美しい楽の調べを奏でながら空を行くという七つ星のように、豊かな響きが籠っていた、そうだった、身方に物を言う時には。でも、一たびこの大地を震えあがらせてやろうという気になれば、それはまるで轟く雷鳴のようだった。あの人の恵みには冬が無く、秋の実りの豊かさは、刈れば刈るほど生い茂り、あの人の喜ぶ様は、さながら水切る海豚のよう、水に生きながら、溺れて背筋を水面から没することがなかった。王も太守も、あの人の仕着せを着て歩き、諸々の国々、島々、ことごとくあの人の懐ろからこぼれ落ちる銀貨のようだった。
ドラベラ　クレオパトラ様――
クレオパトラ　考えても御覧、私が夢に見たそのような人が、かつていただろうか、かりにもいたとお思いになれるか？

ドラベラ　女王、決して。

クレオパトラ　心にも無い嘘を、神々の耳に聞えように。まあ、よい、たとえそのような人がいるとしても、かつていたとしても、それは夢も及ばぬこと、なるほど自然の貧しさは、いかに不可思議なものを生み出そうとしても、所詮、空想の敵ではない、でも、アントニーのような人を想い浮べるとなれば、それこそ空想に挑む自然の傑作、大方の夢幻はすっかりけおされてしまうであろう。

ドラベラ　どうぞお聴き下さいまし、女王。御身分の高いだけに、お失いになるところもまた大であり、その大いさに応じて、それに堪えるお苦しみも深いものがございましょう。それがお察し出来ぬ自分ならば、こうして参った私の目的も、むしろ果されずに終ることを望みます、事実、女王のお歎きがそのまま自分の上に振りかかり、心底から身をゆさぶらるる思いにございます。

クレオパトラ　嬉しゅう思います。で、シーザーがこの身をどうなさろうおつもりか、あなたは知っておいでか？

ドラベラ　お知らせ申しあげておきとうはございますが、それがお伝え致しかねるような。

クレオパトラ　構いませぬ、言うがよい、さあ――

ドラベラ　シーザーは名誉を重んずる人物にございますが――

クレオパトラ　では、この身を凱旋の飾り物にしようと？

ドラベラ　女王、仰せのとおり、そのおつもりにございます。（奥にてトランペットの吹奏）

外の声　おい、道を開けろ！　シーザー！

シーザー、ギャラス、プロキュリーアス、メーシナス、その他が登場。

シーザー　いずれがエジプトの女王か？

ドラベラ　皇帝にございます、女王。（クレオパトラ膝まずく）

シーザー　立たれるがよい、膝まずくには及ばぬ。さあ、お立ちを、お立ちを、エジプトの女王。

クレオパトラ　いいえ、神々がそうせよとお命じになります、わが主たり君たるお方には服従せねばなりませぬ。

シーザー　誤解の無いように、悪意は微塵も無い。我らの蒙った数々の傷痕は、今もこの肉にはっきり刻みこまれているとはいえ、つまりは偶然のいたずらと心得、すべてを水に流すつもりでいる。

クレオパトラ　世界が戴く唯一人の主君に申しあげとうございます、みずから名分を明らかにし、無罪の証しが立てられようとは思いませぬ、隠す要もございますまい、この身とて、きょうまでしばしば女を恥じ入らせてきた、たわいのない数々の弱点を背負っております。

シーザー　クレオパトラ、お解りいただきたい、我らの目的は罪の軽減にあるのだ、それを強調しようなどとは考えておらぬ。もし我らの意向どおりおふるまい戴けさえすれば、といって、女王にとってこれほど寛大な処置はあるまいが、このたびの変事も、またそこに利を見出だしえぬでもあるまい。それを、あえてアントニーの流儀に倣(なら)い、この身に残酷の名を負わせようおつもりなら、それこそ、むざむざ当方の善意を投げ捨てるようなもの、同時に、お頼みがあれば進んで守護しようつもりのお子たちにも、あえて破滅をお招きになりたいお心としか思われぬ。では、これで失礼させていただこう。

クレオパトラ　御自由に、世界中いずこへなりと。世界は御自分の物ゆえ。我らは分捕品(ぶんどりひん)の楯(たて)、征服の目印、いずこへなりとお好きな所へ吊(つる)していただきましょう。これを、御覧下さいまし。

(紙片を差出す)

シーザー　クレオパトラ御一身に関することは、すべて御遠慮なくお申出で願いたい。

クレオパトラ　これは貨幣、銀器、宝石など、私の所有品の目録にございます。見積りは正確にしてありますが、詰らぬ物ははいっておりませぬ。セルーカスはどこにいる?

セルーカス、前に出る。

セルーカス　は、ここに。

クレオパトラ　財務官にございます。この男の口からお聴取りの程を、嘘いつわりには厳罰をお与え下さいまし、今やこの身の無一物なることを証(あか)しさせとうございます。ありのままを申しあげるがよい、セルーカス。

セルーカス　女王、むしろ口を封ぜられたほうがましにございます、罰を覚悟でありもせぬことを申しあげますよりは。

クレオパトラ　何かこの身が隠しているとでも言うのか?

セルーカス　お申附けの品を買い整えますのに必要なだけは。

シーザー　何も恥じられることはない、クレオパトラ、分別ある御処置というものであろう。

クレオパトラ　御覧を、シーザー! おお、このとおりでございます、時めく者は追従される! 私の従者が今はあなたのものに、が、立場を変えれば、あなたの従者が私のものになりましょう。このセルーカスの恩知らずには、とても我慢が出来ない。おお、下郎め、(相手に迫る) 金ずくの色事師程にも心の許せぬ奴! 待て、逃げるのか? 逃げもしよう、そのはずだ、だが、眼を捉えたからには放さぬぞ、お前の眼に翼が生えていようともな。下郎、魂の無い悪党め、犬畜生! おお、世にも卑しい奴! (打つ)

シーザー　女王、我らに免じて。

クレオパトラ　おお、シーザー、これ程の酷い辱しめがまたとございましょうか、シーザーがわざわざ駕を枉げ、君主の栄光をこのかよわき身に分ち賜おうというに、己れの召使が、さらぬだに数多きこの身の不面目にひそかな憎しみの追討ちを掛けようとは! かりに、シーザー、この私が女ゆえの取るに足らぬ手廻品を隠しておいたからといって、いずれもたわいの無い玩具、普通の友達附合いで遣り取りするありふれた贈り物に過ぎませぬ、いいえ、かりにそれより高価な品をリヴィアやオクテイヴィアに、お取りなしをお願いするための御挨拶代りに取除けておいたからといって、それを、きょうまで手もとに召使うてきた身内の者にあばきたてられねばならぬものでございましょうか？　そのような事が！　今この身に襲いかかっている悲運よりも、遙かに深く身に応えます。（セルーカスに）頼む、出て行っておくれ、さもないと、この衰え切った灰の中に僅かに残る魂の燃えがらが、いつ閃きを発するか解らぬ。もしお前が一人前の男であったら、この身を憐れと思わずにはおられまいに。

シーザー　退れ、セルーカス。（セルーカス退場）

クレオパトラ　お解りでございましょう、我々最高の権威者は自分の与り知らぬ事で誤解され、いざ滅亡に瀕するとなれば、他の人の罪咎もわが名に帰せられる、それだけにみじめなものでございます。

シーザー　クレオパトラ、目録からお取除けになったものも、それとはっきりおしたためになったものも、いずれにせよ、戦利品に加える意図は毛頭ない。そのまま御自分の物としてお納めいただこう、御自由に処分されるがよい。言うまでもないが、シーザーは商人ではない、商人の売った品物のことで女王と取引しようとは思わぬ。ともあれ、御安心願いたい、己れ一人の思いに閉じ籠り、われからその囚れ人とならぬよう。心配御無用、もともと御処遇については、飽くまで御希望に沿いたいと考えている。この上は、よく食べ、よく眠ることだ。お立場には十分御同情申しあげる者、今後も友人としてお附合い願いたい。では、またお目にかかろう。

クレオパトラ　わが主君として！（膝まずいて礼をする）
シーザー　（支え起し）それはお止めいただきたい。いずれ、また。（トランペット。シーザーの一行退場）
クレオパトラ　あれは口先だけだよ、皆、あれは口先だけ、そうして、私がみずからに与えうる最後の誇りを封じてしまおうというのだよ。でも、お聞き、カーミアン。（囁く）
アイアラス　御覚悟を、女王、明るい日の盛りは過ぎました、今は共々暗い夜の旅路に。
クレオパトラ　もう一度、直ぐ行って来ておくれ、言い附けてあることだし、用意は出来ているはず、急いで取計らうようにと。
カーミアン　はい、畏りました。

ドラベラが二たび登場。

ドラベラ　女王はどこにおいでだ？
カーミアン　（出て行きながら）あそこに。
クレオパトラ　ドラベラか？
ドラベラ　女王、御命令に随い、お誓い申しあげました以上、それに、女王に対する敬愛の一念より、服従こそ聖なる勤めと信じております私、ありのままをお知らせしておきとう存じます。
シーザーはシリアを通って帰路につく予定にございます、一方、女王とお子たちはあらかじめ三日以内にお送り申しあげることになっております。そのことお含みの上、最善の御処置を採られますよう。以上、御希望に随い、かつお約束申しあげましたとおり、御報告に及んだ次第にございます。

クレオパトラ　ドラベラ、長く恩に着ます。

ドラベラ　従僕の一人としてお見知りおきを。では、また後ほど、女王、シーザーの御用が待っておりますので。

クレオパトラ　御機嫌よう、礼を言います。（ドラベラ退場）アイアラス、お前はどう思う？　お前もエジプトの黙り役者の一人、私と一緒に山車に乗せられてローマの見せ物になるのだよ。脂じみた前垂れ掛けの、物差しや金槌を手にした、卑しい職人どもが私たちを高々と担ぎあげ、野次馬の晒しものにするのだよ。下等な物ばかり食べているその連中の臭い息が、厚い雲のように襲いかかって来て、私たちはその空気を否応なく吸込まねばならないのだよ。

アイアラス　とても我慢できませぬ！

クレオパトラ　でも、どうにもそれは避けられぬ、アイアラス。小ざかしい下端役人が淫売でも扱うように私たちに摑みかかり、瘡かきの詩人が私たちを材料に調子はずれの小唄を作る。小才のきいた喜劇作者は即座に私たちの事を舞台に掛け、アレクサンドリアの酒宴を見せ場にするだろう、アントニーは酔払いに仕立てられ、私は私で、金切声の小僧の演じるクレオパトラが女郎のような風態で、自分の品位を穢すのを見なければならないだろう。

アイアラス　おお、そのようなことは！

クレオパトラ　でも、それは避けられぬ。

アイアラス　そのようなものを私は黙って見てはおりませぬ！　私の爪は私の眼よりも硬うございます。

クレオパトラ　なるほど、それも一法、あいつらの計画の裏を掻き、大それた望みを打砕いてやれるというもの。

カーミアンが戻って来る。

クレオパトラ　カーミアンか！　さあ、お前たち、私を女王らしく見せておくれ。一番よい衣裳を持って来るように。私はもう一度キドノスへ行く、マーク・アントニーを迎えに。さあ、アイアラス、早く。おお、カーミアン、急いで済ませてしまおう、この仕事が終りさえすれば、お前に暇をあげよう、最後の審判の日までゆっくり遊ぶがよい。冠を、何も彼も持って来ておくれ。（アイアラス退場、外で大声）どうしたのだろう、あの音は？

衛兵が登場。

衛兵　田舎者らしき男が参り、是が非でもお目どおりをと申しております。無花果を持参したとのことにございます。

クレオパトラ　ここへ通すがよい。（衛兵退場）取るに足らぬ道具が何と立派な役目を果すことか！ あの男は私に自由を持って来てくれたのだ。覚悟が決ってしまえば、私の中にもう女はいない。今の私は頭の天辺から足の先まで大理石のように動かぬ、もう変り易い月などに左右されるものか。（黄金の寝椅子に腰をおろす）

衛兵が戻って来る、後に籠を持った道化が随う。

衛兵　この男にございます。

クレオパトラ　退っていておくれ、その男は残しておいてよい。（衛兵退場）そこにナイルのかわいい蛇を持っておいでかい、人を殺して痛みを与えぬという？

道化　はい、持っておりますとも。だが、決して手前は女王様にそれと仲良くしてもらいたいなどと考えてはおりません、嚙まれたら最後、不死に陥りますでな。それで命を失ったら最後、めったに、いや、金輪際助かりっこなしだ。

クレオパトラ　お前、知っているのかい、それに嚙まれて死んだ人を？

道化　幾らもおります、男もいれば女もいる。ついきのうの話でまた一人――身持のいい女でしたが、悪いことに寝てまで嘘をつく癖がございましてな、全く女には禁物だ、寝ておいて、そのたびに嘘をつかれたのでは、幾ら身持がよくても御免だね――ところで、その女がこれに嚙まれて死にましてな、その時の痛みの模様を後から聞いたというわけで。はい、蛇の事となると、女め、なかなか話が詳しゅうございましたが、と申して、そういう連中の言いふらす事を頭から信じる者は、到底、救われっこなしだ、連中が尻でやる事にまで目が届きませんからな。と申して、これだけは保証なしだ、この蛇はただの蛇ではございませんのでな。

クレオパトラ　もう退るがよい、達者でお暮し。

道化　精々蛇をお楽しみなさいまし。（籠を寝椅子の傍に置く）

クレオパトラ　もうよい。

道化　くれぐれも御注意を、よろしゅうございますか、蛇は本性を忘れませぬ。

クレオパトラ　解っている、もうよい。

道化　よろしゅうございますね、蛇は必ずしっかりした人の手にお預けなさいまし。正直の話、人なつこさなどというものは、この蛇には微塵もございませんからな。

クレオパトラ　心配せずともよい、よく気を附ける。

道化　そうして下さいまし。何もおやりにならぬよう、きっとでございますよ、食わせてやる値打ちの無い奴でしてな。

クレオパトラ　私を食うだろうか？

道化　幾ら私が足りなくても、女は悪魔も食わぬということくらい、とうに承知しております。さよう、女は神々の一番好きな召上り物、もっとも、悪魔が味を附けた奴はいけませんがね。しかしでございます、はい、その悪魔の野郎め、女の事となると、神々に大迷惑を掛けましてな、なにしろ、神様が女を十人こしらえると、そのうち五人は悪魔にやられます。

クレオパトラ　さあ、お退り、もうよい。

道化　では、お言葉どおりに。精々蛇をお楽しみなさいまし。（退場）

アイアラスが衣裳、冠などを持って、二たび登場。

クレオパトラ　着附けをしておくれ、冠を首に。私は不死不滅の世界に憧れている。もう二度とエジプトの葡萄の露がこの唇を濡らすことはあるまい。早く、早く、アイアラス、急いでおくれ。アントニーが私を呼ぶ声が聞えてくるような気がする、私のけなげな行為を褒めてくれようと、身を起すのが見えるようだ、それ、シーザーの僥倖を嘲っておいでになる、よくあること、神々は人に僥倖を与えて、それを、後で罰を下すための口実にお使いになるのだよ。アントニー様、あなたの妻は直ぐお側に。この上は、ただ勇気を、そう申しあげても、お名を辱しめぬように！ 私は燃えあがる火、立ちのぼる大気、現身の五体は賤しい下界の土と水に還るがよい。これで済んだのか？ では、私の唇の最後のぬくもりを。お別れだよ、カーミアン、アイアラス、永遠のお別れだよ。（彼らに接吻する。アイアラスが倒れ死ぬ）この唇に蛇の毒が？ 立てぬのか？ お前と命とがそのように苦もなく別れられるものなら、死神の一撃も恋人の爪と変りはない、痛いけれども嬉しいようなもの。そのままじっとしているのか？ そうして消えてしまえるものなら、お前はこの世に教えてくれたのだ、それがわざわざ暇乞いをする値打ちもないところだと。

カーミアン　垂れこめる厚い雲、解けて雨を降らせておくれ、神々も泣いておいでだと言えるように！

クレオパトラ　これも私が意気地が無いからだ。この女の方が先にあのアントニーの縮らせた髪を見る、すると、あの人は私の様子を訊(たず)ね、その礼に、私には天国のあの口づけを、この女にお与えになるだろう。さあ、恐ろしい奴、（蛇に向って、そう言いながら、それを胸に当てる）お前の鋭い歯で、この命の根の結ぼれを一嚙みに断ち切っておくれ。しっかりおし、幾らでも怒るがよい、早く済ませておくれ。ああ、お前に口がきけさえしたら、あの大シーザー殿をからかってもらえたろうに、頓馬(とんま)め、まんまと鼻を明かされたではないかと！

カーミアン　おお、暁(あけ)の明星、クレオパトラ様！

クレオパトラ　静かに！　見えないのかい、この胸の児が、乳を吸うて乳母(うば)を眠りに誘おうとしているではないか？

カーミアン　おお、裂けてしまえ！　おお、胸も裂けるがいい！

クレオパトラ　麻薬のように快い、空気のようにやわらかな、この身をやさしゅう——おお、アントニー——そうだ、お前も抱いてやろう。（別の一匹を腕に当てがい）なぜ留まっておらねばならぬのか——　（息絶える）

カーミアン　この酷(むご)い世界にと？　おっしゃるとおり、では、最後のお別れを！　幾らでも手柄にするがよい、死の神、類(たぐ)いない女人を、こうして虜(とりこ)にしたのだから。柔毛(にこげ)のような、その窓の、

(目蓋を閉じてやりながら) 戸をお閉めなさいまし、金色の日輪も二度と二たびこの尊いお目に影を落すことはない! お冠が曲っている、直してさしあげましょう、その後でゆっくり遊ばせていただくとして――

数人の衛兵が駆け込んで来る。

第一の衛兵　女王はどこにおいでか?

カーミアン　大声をたてないで、お目を醒さぬように。

第一の衛兵　唯今シーザーからの――

カーミアン　遅すぎた御使者。(蛇を自分に当てがい) おお、早く、早く済ませておくれ、どうやら感じてきたようだ。

第一の衛兵　おおい、来てくれ! 大変だぞ。シーザーは計られたのだ。

第二の衛兵　シーザーの使者ドラベラがいるはずだ、あの人を呼べ。

第一の衛兵　何ということだ! カーミアン、これがあるべき事か?

カーミアン　そうとも、連綿として伝わってきた王家の姫君に、これほどふさわしいことは無い! ああ、その! (息絶える)

ドラベラが二たび登場。

ドラベラ　どうかしたか？
第二の衛兵　皆、死んでしまいました。
ドラベラ　シーザー、あなたの予想は見事に当った、これ、このとおりに。防ごうとしておいでだった恐ろしい出来事が、こうして起ってしまったのを見届けるために、わざわざお越しになるようなものだ。
外の声　道を開けろ、シーザーに道を！

シーザーの一行が行進して登場。

ドラベラ　おお、シーザー、易者も及ばぬお見透し、虞れておいでの事がとうとう。
シーザー　いさぎよい最期だ、こちらの意中を察し、さすがは王者にふさわしく、己れの行くべき道を採った。どうして死んだのか？　血を流しておらぬようだが。
ドラベラ　最後に会ったのは誰だ？
第一の衛兵　その辺の田舎者で、無花果を届けて参りました、これがその籠でございます。
シーザー　では、毒死だな。
第一の衛兵　おお、シーザー、カーミアンはつい今しがたまで生きておりました、立って口をきいていたのでございます。私が参りました時には、この女は死んだ女主人の冠を直しておりました、震えながら立っていたかと思うと、それが突然、崩れるように倒れ落ちたのでございます。

シーザー　おお、女ながらもけなげな者ども！　が、毒を仰いで死んだのなら、肌に腫れが来そうなものだが。女王は眠っているようにしか見えぬ、あたかも第二のアントニーを、その抗しがたい美の罠に誘いこもうとでもするように。

ドラベラ　これを、女王の胸に、僅かな血のにじみが、幾分ふくらんで見えます。同じ疵痕が腕にも。

第一の衛兵　毒蛇の歯の痕にございます、この無花果の葉にもぬめりが残っておりますが、これは毒蛇の這った跡で、ナイル河畔の洞穴に見られるものと同じでございます。

シーザー　おそらくそれを用いて死んだのであろう、女王の侍医から聞いたのだが、女王は楽に死ねるあらゆる手立てを求めていたという。女王の臥床を担ぎあげるように、女どもは廟から運び出せ。亡骸はアントニーの傍に葬るのだ。地上のいかなる墓も、この二人ほど名高き男女を納めることはなかろう。このように大いなる出来事は、それを引起した者の胸をも貫かずには措かぬ、二人の物語は世の人々の心を打ち、その死に哀悼を命じた勝利者の栄誉と共に永く忘れられぬであろう。身方の将兵は厳かに隊伍を整えて、葬儀を済ませ、ローマに帰還することにする。さあ、ドラベラ、万事厳粛に取行うよう手配を頼む。（一同退場、兵士たちは死骸を運んで去る）

解　題

一

『アントニーとクレオパトラ』は作者死後の一六二三年、第一・二折本戯曲全集刊行の際に始めて上梓されたもので、生前に単行の四折本は一度も出ていない。しかも、第一・二折本中のそれは作者の原稿から直かに写されたものらしく、綴りや句読法の誤読と思われるものを除いては、ほとんど問題の無い善本である。

製作年代についても、推定はさほど困難ではない。第一に、一六〇八年五月二十日附で作品登録が行われており、その記録が今日も残っている。言うまでもなく、『アントニーとクレオパトラ』はその日附以前に書かれたものである。第二に、『マクベス』の中でマクベスがバンクォーについて語るせりふから、もう少し推定範囲が狭ってくる。そのマクベスのせりふというのはこうである――「アントニーの守護神はシーザーの前に尻ごみしたと言われるが、ちょうどそれと同じだ、おれの守護神も奴の前では手も足も出ない。」（第三幕第一場）これは『アントニーとクレオパトラ』第二幕第三場における占師の警告と一致し、いずれも『プルターク英雄伝』に基づいている。結論として言えることは、シェイクスピアが『マクベス』を書いていた時、遅くともそれに手を入れていた時、彼の脳裡には既に『アントニーとクレオパトラ』の着想があったのではないかということである。『マクベス』は『ハムレット』の直ぐ後、一六〇一、二年頃に書かれ、その加筆は一六〇六年夏前頃と推定されている。したがって、『アントニーとクレオパトラ』も一六〇六年には既に着想されていたか、あるいは書き始められていたと考えてよい。

第三に、この作品を知っていて、それを取入れたと思われる脚本が、相次いで二つ現れ、さいわいその二作品の刊行、上演の年月が明かになっているので、さらに推定範囲が狭められる。一つはサムエル・ダニエルの『クレオパトラ』であり、他はバーナビ・バーンズの『悪魔の特許状』である。前者は一五九四年に書かれたものであるが、一六〇七年に改訂版が出ており、それを見ると、作者は明かにシェイクスピアの『アントニーとクレオパトラ』を観て手を入れたことが解るという。ダニエルの改訂版上梓の明確な月日は記録が無い。しかし、それが一六〇七年末までに本になるためには、元のシェイクスピアの作品が一六〇六年末から一六〇七年春頃までに既に上演されていなければ間に合わぬはずである。

バーンズの作品についても同様の事が言える。その題材はクレオパトラではなく、ただ毒蛇を殺人に用いているのであるが、その使用法、クレオパトラへの言及など、シェイクスピアをそのまま踏襲しているところがある。この作品が上演されたのは一六〇七年二月二日であって、その事から、シェイクスピアの『アントニーとクレオパトラ』は遅くとも同年一月までには上演されていたはずだということになる。もっとも、バーンズの作品が登録されたのは一六〇七年十月で、それには扉に「読者のための増補改訂新版」とあるから、ダニエルの場合と同様、あるいは毒蛇の箇所は、二月の自作上演後シェイクスピアを観て、加筆されたものかもしれない。そうだとすれば、『アントニーとクレオパトラ』の上演は一六〇七年前半を下限として考えられる。要するに、それは一六〇六年後半から一六〇七年前半までの一年間に書かれたものと思って間違いなかろう。

二

素材は『ジュリアス・シーザー』の場合と同様、ノース訳『プルターク英雄伝』(一五七九年)から得ている。ここに断っておかねばならぬことが一つある。私は『ジュリアス・シーザー』の解題で、『アントニーとクレオパトラ』及び『コリオレイナス』においても『プルターク英雄伝』から材料を仰いでいるが、『ジュリアス・シーザー』ほど忠実にはそれに随(したが)っていないという意味のことを書いた。それが誤りであることを訂正しておく。私の誤りは大部分のシェイクスピア学者の意見をそのまま受入れたことから起ったのである。ドーヴァ・ウィルソンでさえ、というよりも彼はことに甚(はなは)だしく、その事を強調している。原作を学生時代に読んだだけの記憶で、私はそれをまともに受入れてしまったのである。が、今度、読み直してみて、その誤りを知った。『アントニーとクレオパトラ』においても、シェイクスピアは前作『ジュリアス・シーザー』と同様、史実と見なされた『プルターク英雄伝』を綿密に追っている。なお、その事に関しては次章に書く。

『プルターク英雄伝』の「アントーニウス」篇（岩波文庫版第十一冊）に、ほとんどすべてが出ている。その第二十五節に始めてクレオパトラに関する記述が出てくるが、それ以後はパルティア遠征について述べた第三十七節から第五十二節までを除き、最後の第八十七節まで、シェイクスピアはその記述を忠実に辿っている。紙数が許さぬので引用は避けるが、併せ読むことをおすすめする。ここには大英百科辞典から「アントーニアス」及び「クレオパトラ」の項を抜書きして、作品の時代的背景としての「史実」を略記しておくにとどめる。

アントーニアス

（前八三年生）――中略――（前四六年）三月十五日のシーザー暗殺後、アントニーは独裁者たらんと決心した。彼は初めのうち暗殺者達を寛大に遇するつもりだったらしい。が、同時に、シーザーの遺言状公開に伴う追悼演説によって民衆を煽動したため、暗殺者達はローマにいたたまれなくなって去った。アントニーは元老院を動かし、アルプス以南のゴール地方を自分のものにしようとした。（前四四年）当時、その地方は暗殺者の一人デシマス・ジュニアス・ブルータスの領地であった。彼がその譲渡を拒絶したので、アントニーは同年十月ブルータス征討に出掛けた。

たまたまその頃、シーザーの養子オクテイヴィアスがイタリーに帰って来て、父の権利の継承を要求した。元老院とシセローはその主張を支持し、精兵達は彼の旗のもとに集った。

アントニーは公敵として否定され、オクテイヴィアスはアントニー征討を委任された。その結果、アントニーはブルータス包囲中にミュティナの戦い（前四三年）で敗れた。一方、元老院はオクテイヴィアスの野心を疑い始めたが、オクテイヴィアスの方では自分に対する元老院のその後の処遇に腹を立て、大軍を引連れてローマに戻ると、八月、元老院を強いて執政官の職を手に入れた。アントニーは一旦アルプス以南のゴールに逃げ、レピダスと通じ、共に大挙してローマに向った。そこで、オクテイヴィアスは二人と和を講じ、三巨頭がボノーニャに会して、共同統治の形式として三頭政治体制を確立した。そしてゴールはアントニーの、スペインはレピダスの、アフリカ、サルディニア、シシリーはオクテイヴィアスの所管に定められた。この体制は五年間継続した。が、政情の不安は相変らずであり、その間、政敵追放、財産没収、死刑執行が絶えず行われ、シセローもついにアントニーの復讐に倒れた。翌年（前四二年）、アントニーとオクテイヴィアスは暗殺者達（ブルータス、キャシアス等）追討の軍を起し、フィリッピにおける二度の会戦で、元老院派、共和政派を完全に滅してしまった。続いてアントニーはギリシアに、さらに小アジアに進撃した。前四一年にはシリアに向ったが、途中クレオパトラに出会い、その魅力に抗しえず、冬をアレクサンドリアに過した。が、やがてパルティア軍がシリアに侵入したため、また妻のファルヴィアと弟とがオクテイヴィアスを相手に戦いを始めたという知らせを受けて、アントニーは落着いていられなくなった。彼がイタリーに駆附けた時には、戦いは既にオクテイヴィアスの勝利に帰していた。

ファルヴィアは戦死していたので、三執政官はたがいに和し、アントニーとオクテイヴィアスの姉との結婚をもって友誼の固めとした。さらにブルンドシウムにおいてローマ帝国の分割を新しく議定し、その結果、アントニーは東方諸国を得ることになった。アントニーは自分の領地に戻り、何度かパルティア征伐を試みたが、いずれもはかばかしい効果を収めずに終った。前三九年、彼はアテネを訪れ、その地で甚だ大仰に振るまい、ディオニュソス神の衣裳を身に纏って歩いたりした。前三七年、イタリーでオクテイヴィアスと会談し、過去五年にわたる三頭政治の更新を取極めた後、シリアに戻り、クレオパトラと一緒になった。彼は諸王国及び諸領をクレオパトラの欲するままに処理したが、その遣口が次第に彼の支持者達を背かせるに至り、前三二年、ついに元老院は彼の権限を剝奪し、クレオパトラに対して宣戦を布告した。アントニーは対戦準備に二年を費したが、その結果はアクチャムの会戦(前三一年九月二日)で大敗してしまった。六十艘の船を率いて逃出したクレオパトラの後を追い、エジプトに逃れたのだが、なお敵の追求を受け、身方に捨てられたうえに、クレオパトラが自殺したという虚報を信じて、自分も自殺して果てた(前三〇年)。アントニーは一生のうちにフェイディア、アントーニア、ファルヴィア、オクテイヴィアと次々に結婚し、多くの子を残している。

クレオパトラ

エジプトのプトレマイオス王朝の女王歴代の通称——中略——最も有名なのはプトレマイ

オス十一世の女、前六九年（あるいは前六八年）生れ。十七歳で弟と共に王位に就き、エジプトの慣習に随い、弟の妻となる。数年後、女王の位を剝奪され、逐われてシリアに退いたが、復権の機会をねらって軍備を怠らなかった。丁度その頃、ジュリアス・シーザーがポンペイを追ってエジプトに侵入して来た。シーザーはクレオパトラの魅力に捉えられ、そのために戦いを起した。弟のプトレマイオスは戦死し、クレオパトラはその下の弟と共に二たび王位に就くが、その弟も間もなく毒殺してしまった。その後、クレオパトラはローマに行き、シーザーが暗殺されるまで、公然とその妾として共に暮した。暗殺が起ると、自分の不評を知っていたクレオパトラは直ちにエジプトに帰った。が、引続いてマーク・アントニーの同盟者かつ妾となった。二人の結附きがローマ人の激しい不評を招くに至り、オクテイヴィアスは二人を相手に軍を起し、アクチャムに戦って大勝した。（前三一年）クレオパトラはアレクサンドリアに逃げ帰り、アントニーも後を追ってそこに至った。クレオパトラは結局勝目なしと悟り、アントニーを暗殺すべしというオクテイヴィアスの要求を受入れ、かつてアントニーと共に死ぬために造った廟に彼を呼ぶが、アントニーは既にクレオパトラが自殺してしまったという虚報を信じて、先に自殺してしまった。クレオパトラはオクテイヴィアスが自分の魅力に惑わされぬと知り、言伝えによると、毒蛇アスプを胸に当てがって、みずから命を絶った。（前三〇年八月二十九日）クレオパトラの死と共に、プトレマイオス王朝は滅亡し、エジプトはローマ領になる。クレオパトラにはアントニーとの間に三人の子があり、シーザーとの間に出来た男子シーザリオンはオクテイヴィアスに処刑されたという。

ウィルソンの新シェイクスピア全集の序に随い、ついでにシェイクスピア以前にクレオパトラを素材とした主な作品を挙げておく。題名の示すごとく、そこではクレオパトラが「善女」として取りあげられているのである。第一は、チョーサー（一四〇〇年歿）の長詩『善女物語』の第一話がそれである。第二は、エティエンヌ・ジョデルの悲劇『クレオパートル』（一五五二年）で、クレオパトラ劇化を最初に手掛けた功はフランスに帰せられねばならない。続いて、やはりフランスでガルニエの『マルク・アントワーヌ』（一五八五年）という悲劇が作られている。これは七年後の一五九二年に、シドニーの妹のペンブローク伯夫人が英訳しており、それを切掛けに英国演劇史にこの題材が盛んに登場することになったと言われている。

三

シェイクスピアが『アントニーとクレオパトラ』を書いたのは、いわゆる四大悲劇の最後の作品『マクベス』を書き終えた直後である。この作品の後には、同年から翌年にかけて、『コリオレイナス』と『アセンズのタイモン』の二つの悲劇が続けて書かれ、『ジュリアス・シーザー』に始ったシェイクスピアの「悲劇時代」は終りを告げる。それ以後は多少暗い色調を残しながらも徐々に夢幻的要素を濃くして行き、その「浪漫喜劇時代」の最後に万有調和の澄明な世界を啓示する『あらし』が来て、シェイクスピアの世界は完結するのである。

私は『ジュリアス・シーザー』の解題において、ブルータスを「聖者」とするドーヴァ・ウィルソンの見解に疑いを示しておいたが、この『アントニーとクレオパトラ』においても二たび彼のいささか単純な理想主義に異見を提出せざるをえない。ウィルソンはクレオパトラのうちにプルタークの見ていた悪女とは異なる純情を見、アントニーのうちにもプルタークの見ていた「放蕩者」とは異なる英雄の寛大を見、したがって二人の関係に、やはりモラリストのプルタークが認めなかった聖なる愛を見ている。彼によれば、次の第一幕第一場のアントニーのせりふと第五幕第二場のクレオパトラのせりふとは、たがいに照応して、その間に起る俗事の上に天界の橋を架しており、ローマ帝国に対する侮蔑と愛の勝利とがこの作品の主題だというのである。

アントニー　王国などは土くれ同然、このけがらわしい大地ときたら、畜生も人間も見さかいなしに餌をくれる。人生に貴きものありとすれば、ただこうすることだ。（クレオパトラを抱く）これほど想い想われた二つの魂が、このような二人の男女が、こうして抱きあえるなら、もうそれだけでよい、おれは世間の奴ばらに有無を言わさず認めさせてやる、それだけで二人は眉をあげ、無類の仕合せ者と言いきれるのだと。（第一幕第一場）

クレオパトラ　シーザーになるなど詰らぬこと、あの男は運命の女神ではなくて、その僕に過ぎぬ、何でもその意に随う手先でしかないのだ。偉大な事というのは、それをなしとげてしまえば、万事がお終いになる、その一事に賭けることではないか、そうして偶然を寄せつけず、転変を食い止める、深い眠りに身を委ね、乞食やシーザーを養う食べ物になど、もう二

度と手を触れぬのだ。（第五幕第二場）

さらにウィルソンはクレオパトラの性格について、ブラッドレーの非難に弁護を試みている。ブラッドレーの非難というのは、クレオパトラは最初は死ぬつもりではなく、出来ればシーザーを惑わして生き残りたいと思っていたが、自分をローマの見せ物にするというシーザーの意図を見届けてようやく死を決意したというのである。それに対して、ウィルソンは抗議する、アントニーの後を追おうというクレオパトラの心は終始一貫していると。たとえばシーザーの面前でのセルーカスとの争いも、死の決意をシーザーに見破られて止められることを虞れて打った芝居だと言うのである。なるほど読んでいては解らぬが、舞台ではそれとはっきり演じ分けることは出来る。が、果してシェイクスピアの意図はそこにあったかどうか。

その前に、ウィルソン程ではないにしても、シェイクスピアはクレオパトラの性格に、プルタークの、あるいは「史実」の及ばぬ生彩を与えたという大方の批評を検討してみる必要がある。私はそれが誤りだとは言わない。しかし、性格を問う前に、まず事実について見るがよい。クレオパトラはどう行動したかが問題であって、どういう動機からそれをなしたかを問題にすることはない。そして外面の行動に関する限り、シェイクスピアのクレオパトラがプルタークのそれとほとんど変らぬことに注意すべきである。シェイクスピアがプルタークに対して採った手続は、ただその観点を捨てたことである。その代り、事実はそっくりそのまま受入れている。なるほど、観点についてもプルタークのそれを必ずしも捨ててしまったとは言切れぬ。シェイクスピアはむしろそれを遠慮なく採用している。が、厳密に言えば、クレオパトラに対する批評をプルタークから借りたのは作者シェイクスピアではなくて、その登場人物達である。それは彼等の「せりふ」であり、彼等はそれを信じて口に出したのである。シェイクスピアはそういう彼等を描いただけであって、その「せりふ」を信じていたわけではない。

同様に、クレオパトラが昂然と「乞食やシーザーを養う食べ物になど、もう二度と手を触れぬのだ」と言切る時、シェイクスピアはウィルソンのようには素直にその決意を信用してはいなかったはずである。『ジュリアス・シーザー』の場合にも、多少その傾向はあったが、『アントニーとクレオパトラ』において、そういう彼独得の作劇術は最高潮に達したと言ってよかろう。その意味で、この二つの作品には「悲劇時代」の入口と出口との差を分ち示すものが窺える。同じアントニーの興隆と滅亡との対照は偶然に過ぎまいが、一つは谷底に降りてゆく者の暗さがあり、他はそこから這いあがる者の、明るさではない、自嘲がある。

ウィルソンが指摘した序奏部におけるアントニーの愛の讃歌も、さらにその導入部としてファイロの嘲笑を用意したうえでなければ歌われない。のみならず、二人の男女の愛の場面は、まず諍いから始る。それは単なる痴話喧嘩ではない。長年の爛熟した恋が頽廃と破局とに近づいているのだ。クレオパトラの嫉妬は子供っぽい若妻のそれではない。アントニーの讃歌の背後には、不安と逃避とがある。彼の守護神はシーザーを恐れているのだ。この作品の主題はそこにある。アントニーの寛大は英雄の美徳ではない。おそらく彼の性格と年齢とから、そして耽溺と敗北感とから生じた弱さとしか思われぬ。そればかりではない、この作品では、美、偉大、純粋が祀りあげられると、その前後のどこかでそれを引きずり降すように、醜、卑小、不純の嘲笑の声が響くのである。

アントニーは死をもって愛に殉じる。が、それは恋人が先に殉じたと思ったからであり、眼前にエロスの殉死を見たからである。彼が生きているクレオパトラの前に運ばれ、二人が抱合う瞬間に、悲劇は最高潮に達するのであるが、おそらく見物の心にカタルシスは起らぬであろう。二人の背後には、恋人の虚偽と奴隷の真実とが重り合って皮肉な笑いの不協和音を響かせているからである。第二の破局とも言うべきクレオパトラの死も、ウィルソンの言うように美しくはない。セルーカスの暴露、ギャラスの闖入、道化の出現はむしろ不様である。このギャラスの不意打ちはプルタークではプロキュリーアスによって行われることになっており、第一・二折本でもそうなっている。いずれにせよ、プロキュリーアスだけは信じてよいと言ったアントニーの言葉を裏切るものである。最後に、クレオパトラもまた侍女の死によって先手を打たれている。

悲劇の主人公は、ハムレット、マクベス、リア、いずれもみずから死ぬのではないが、その死は自殺と紙一重である。なぜなら自分の主題を生き抜くために、われとわが身を死に追い遣るからである。キャシアスやブルータスもそういう悲劇的な宿命を背負っている。が、アントニーにはそれが稀薄であり、クレオパトラにはそれがほとんど無い。彼等の死は始めから彼等の内部にあり、やがて熟柿が落ちるように、それが外部に表れてくる。死は官能の頽廃から遣って来る。

悲劇的な意思とは何の関係も無い。クレオパトラは自分でそう思っているように、名誉を守るために死ぬのではなく、アスプの快感に身を委ね、死と戯れるようにして死んでゆくのである。その死と戯れ掛引きするものは、ハムレットやマクベスにおけるような意思ではなく、単なる官能に過ぎない。

『アントニーとクレオパトラ』を書いた時のシェイクスピアは「悲劇時代」の出口に立っていた。おそらく彼は悲劇に酔えなくなっていたのに違いない。その代り、彼の目には人間性の現実が的確に映じていたのではなかったか。この作品では、すべてが「ちぐはぐ」に進行する。そこにこの作品特有の「シニシズム」があるのだが、シェイクスピアはそれさえ意識していなかったであろう。彼はただ「史実」にしたがって「写実」したまでである。

最後に、『アントニーとクレオパトラ』の文体について一言する。シェイクスピアの悲劇の中で、これほど訳しにくい作品は無い。少くとも私にはそう思われる。四大悲劇を書き終った後のシェイクスピアは文体においても「写実」に近づき、いわば散文的になっている。美辞麗句や比喩も少く、声の弾みも抑制され、登場人物達は内から溢れ出る観念を思いのままに言葉に委ねることもなく、喋りたいから喋るということもない。アントニーもクレオパトラも、喋り出す前に自分の言うべきことが解っていて、それを最も経済的に語るという風である。『アントニーとクレオパトラ』では一語一語が煮つまっていて多元的な意味を蔵し、他国語に訳すとなると、それぞれに数語を費さねばならぬ。それを避けようとすると、勢い硬くなり、せりふの流露感を欠く。

玄人批評ではシェイクスピア最高の傑作と言われる作品だが、その点では甚だ自信が無い。

福田恆存

解　説

『アントニーとクレオパトラ』は四大悲劇のような強大な性格悲劇ではない。グランヴィル・バーカーの言葉を借りれば、それは何よりもまず「アクションの劇であって、精神的内察のそれではない」のである。私たちはまずそこに注目しなければ、この劇の真実の意味を見ぬくことはできぬであろう。転変きわまりないアントニーとクレオパトラの言動と両者の関係とについて、何か内的な動機を探り出そうとしても無駄なのだ。シェイクスピアはただプルタークの「史実」に忠実に従って主人公たちの外的行動そのものを突き離して描いているのである。

この劇はシェイクスピアが初めて書いた「諷刺悲劇」であるという。シェイクスピアはアントニーとクレオパトラをただ壮大に祀りあげることをしなかった。彼らが崇高かと思われる場面があるかと思えば、逆に卑小と思われる場面もあるといった仕組みになっている。アントニーはただひたむきにクレオパトラを愛しているのではない。第四幕第十二場で彼はアクチャムの海戦ののち「何も彼も終りだ！　あのいかさまのエジプト女がおれを裏切ったのだ。……三たび男を変えた尻軽女郎め！」とクレオパトラを罵っており、ほかにも同様のせりふを吐く場面がある。

アントニーとクレオパトラの関係はこのように、一途のものではなく、たえず周囲の状況に左右されてふらついている。いや、アントニー自身がふらついているのだ。スケアラスは言う。「アントニーは時に勇猛果敢かと思うと時に全く意気沮喪し、転変極まりない運命の骰子の目に気を取られ、その度毎の得失に望みをかけたり悩んだりしている」と。さらに、メーシナスが「弱点と美徳とがたがいに鬩ぎ合っているような男だった」とアントニーを評すれば、アグリッパは「神々は我々をあくまで人間に留めておこうとして、何かしら欠点を与えるのだ」と言う。人間――さよう、アントニーもクレオパトラも超人的な悲劇性をもたない「人間」なのである。このように噂される男はもはや純然たる悲劇の主人公にはなりえない。女王クレオパトラにしても同様、「私はすぐ気分が悪くなるの、かと思うと、たちまち直ってしまう」とみずから認めていて、アントニー亡きあとは、ローマに帰順するように思わせたかと思うと、すぐそれを裏切り、またシーザーの面前にひれ伏したかと思うと、結局は毒蛇で自殺を遂げるのだ。

しかし、シェイクスピアが直接に彼らを諷刺しているわけではない。福田恆存氏が解題で書いておられるように、「クレオパトラに対する批評をプルタークから借りたのは作者シェイクスピアではなくて、その登場人物達である。それは彼等の『せりふ』であり、彼等はそれを信じて口に出したのである。シェイクスピアはそういう彼等を描いただけであって、その〈せりふ〉を信じていたわけではない」のであり、その意味ではこれは「諷刺悲劇」と呼ぶにはふさわしくない劇だということになる。では、何と呼んだらよいのか。リアリズム悲劇と称したらよいのではなかろうか。シェイクスピアは、戦場では獅子奮迅の大活躍をするが女王の前に出るといささかだらしなくなる「英雄」をただあるがままに描いたのである。「作中の人物たちは呼吸し、活動し、まさしく生きている。シェイクスピアは、彼らがどのような言動をしそうであろうかと推理するために立ちどまりはしない。いきなり、彼らそのものと化して、彼らに代って喋り、行動するのである。彼は舞台で操られる傀儡の集団を見せはしない。人間生活についてお定まりの講釈を弁じ、怪しげな動機の計算にもとづく行動をするような詩文朗誦機械を舞台に並べる代りに、ありのままの感情で動き、情念の起伏に忠実であり、論理やレトリックの衒学趣味など露ほどもない生きた男女を場面にもちこむのである。推論や類比、クライマックスやアンティクライマックスによってこねあげられたものは何一つない。すべては現実において場合場合に即して起ったであろうような仕方で起る」とハズリットは書いているが、これは大なり小なりすべてのシェイクスピア劇について言えることであるにせよ、本劇の場合には特に強調されるべき点である。

時々に応じてさまざまな顔や姿を見せる登場人物たちの動き、それを枠にはめこむ構成上の配慮は、先のハズリットやジョンスン博士の指摘しているように、何もないように見え、劇の前半はローマとエジプトのあいだを慌しく往来して一種錯雑とした観を呈するが、一気に通読すれば、結末までぐいぐいと読者を惹きずってゆく何ものかをこの劇はもっている。舞台で見れば、なおさらこの印象が深まる。

その何ものかを説明すれば、それはいわば無構成の構成と、劇的規模の壮大さと、「喋り出す前に自分の言うべきことが解っていて、それを最も経済的に語る」というような、冗慢なところのまったくないせりふと、迅速な舞台転換とからくるスピード感とであろう。まったく、この劇は全体が四十二場から成っているのをいわば映画的な手法で羅列した壮大なスペクタクルとなっており、十九世紀のスペクタクル全盛時代には、スペクタクル本位の上演が行われたことが多かった。たとえば、女王たちが廟の上から瀕死のアントニーを引上げるところなどは、大いにスペクタクル効果を発揮したにちがいない。

『アントニーとクレオパトラ』との対比でよく引合いに出されるのが『ロミオとジュリエット』であるが、後者が若者どうしの初々しい恋の悲劇であるのに較べて、この劇は、この世の酸いも甘いも味わいつくしたような中年の男女の恋愛が主軸になっている。すでに述べたとおり、アントニーとクレオパトラの関係はたえずふらついているが、それは、両人が一途な恋人どうしではなく、強く愛し合うこともあれば、痴話喧嘩をやることもある、いわば倦怠期の男女だからである。

この二人は互いに芝居を演じるほど「成熟」している。

クレオパトラ　さあ、お芝居を見せてもらいましょう、上手にうわべをつくろい、精々まことらしゅう見せかけるのです。

アントニー　怒るぞ、もうよせ。

クレオパトラ　お芝居はもっとお上手なはず、いいえ、今でも相当なものだけれど。

アントニー　よし、この剣にかけて誓おう――

クレオパトラ　お次は楯にかけて。段々、手がこんでくる。でも、まだまだ。

そう言うクレオパトラ自身がすでに完成された役者であり、しかも彼女はアントニーがそれを見ぬいていることを知っている、とマーク・ヴァン・ドーレンは指摘し、さらに、「このヒーローとヒロインの死には、錯覚や迷妄にとらわれずに生きた――もっと正確に言えば、迷いを迷いとして受容れたその全き光の中に生きた――二人の人間の死のうちに存在しうる限りのドラマがこめられている。……アントニーとクレオパトラにとって、人生の移ろいやすさはわかりきったことであり、数多くの変化を目のあたりにしてきた彼らを今さら何の変化も驚かすことはできない。人生の移ろいやすさこそ移ろいゆくことのない唯一のものなのだ。このことを二人は知っており、その限りにおいて二人は他人に一指も触れられることを許さない」として、最後に「この二人は互いをユーモアの心で知りつくしていた」と看破している。これはロミオとジュリエットと違って、世なれてソフィスティケイトした男女の姿をありありと示す言葉であろう。ヴァン・ドーレンはさらに語を継いで、「アントニーとクレオパトラは互いに相手が嘘つきであることを知っており、究極的には、そうであることに一顧のこだわりももたない。……二人は、これからまだその正しさを験さねばならぬどんな真よりもむしろお互いの嘘を好む。かような人物は悲劇の題材としては扱いにくいものだ。悲劇とは迷いを扱うものであるのに、彼らにはそれがない。むしろ喜劇に適した人物かと思われる。ひとえに至高の筆力のみがこの戯曲をその悲劇的な竜骨の上に保たせているのだ」と締めくくっている。

ヴァン・ドーレンが至高の筆力と称したのは、この劇の文体の偉大さのことである。その文体の偉大さについては、すでに十九世紀の初めにコールリッジが「妙なる大胆さ」と称して絶讃し、この劇は四大悲劇にも劣らないとさえ述べており、現代でもエリオットなどが称揚している。(エリオットは、船に乗った女王クレオパトラを描写した件——「まず身を横たえたる小舟は、磨きあげたる王座さながら……」——の一部を『荒地』の中で用いている)まことに、四大悲劇の強大さは、それぞれの主人公の置かれた窮状と、破滅への意思とも言うべき彼らの強さとによって成り立っているのであるが、『アントニーとクレオパトラ』の強烈さは、主人公たち自身のうちにあるよりも、彼らの語るせりふを綴る詩人シェイクスピアの内部からかもし出されているのである。

私たちはこの劇を観おわって、どう感じるだろうか。四大悲劇の場合のようにカタルシスが起ることはないかもしれないが、人生というものがまことに転変きわまりなく、曖昧であることを、或る種の感動をもって受容れるのではなかろうか。

中村保男

新潮文庫最新刊

安部公房著
方舟さくら丸
地下採石場跡の洞窟に、核シェルターの設備を造り上げた〈ぼく〉。核時代の方舟に乗れる者は、誰と誰なのか？　現代文学の金字塔。

柳田邦男著
「死の医学」への序章
精神科医・西川喜作のガンとの闘いの軌跡をたどりながら、末期患者に対する医療のあり方を考える。現代医学への示唆に満ちた提言。

陳舜臣著
中国畸人伝
気宇壮大な発想と強烈な自我で、三国から唐の時代を生き抜いた八畸人。そのみごとな生き方を現代に甦らせた歴史人物ミステリー。

猪瀬直樹
山口昌男著
ミカドと世紀末
―王権の論理―
〈天皇制〉に関するありとあらゆる事柄を語り、世紀末・日本の針路を探った対談集。「文庫版のための特別対談」を併せて収録。

森本哲郎著
そして文明は歩む
多・一・二・ゼロ・三・万――地球上に生れた様々な文明は、その神の数で六つに分類できる。世界文明の根源を掘り起す新文明論。

渋谷陽一著
ロックミュージック進化論
ビートルズの登場から、プリンス、U2まで……。ロックの進化の歴史をたどり、その全体像を明らかにする、絶好のロック入門書。

Title : ANTONY AND CLEOPATRA
Author : William Shakespeare

アントニーとクレオパトラ

新潮文庫　シ－1－10

昭和四十七年三月五日　発行
平成二年十月二十五日　二十七刷

訳者　福田恆存

発行者　佐藤亮一

発行所　株式会社 新潮社

郵便番号　一六二
東京都新宿区矢来町七一
電話 業務部(〇三)二六六－五一一一
　　 編集部(〇三)二六六－五四四〇
振替　東京四－八〇八番

価格はカバーに表示してあります。

乱丁・落丁本は、ご面倒ですが小社通信係宛ご送付ください。送料小社負担にてお取替えいたします。

印刷・東洋印刷株式会社　製本・有限会社加藤新栄社

ISBN4-10-202010-1 C0197